MAREIKE HASENBECK

BIER UNSER

CALLWEY

INHALTSVERZEICHNIS

VORWORT

Jahrzehntelang befand sich die deutsche Brauindustrie in einem Dämmerschlaf, begleitet von Brauereisterben und sinkendem Bierkonsum. Die Menschen tranken immer weniger Bier, denn für den durchschnittlichen Konsumenten schmeckte wahrscheinlich alles irgendwie langweilig und gleich. Das galt ebenso für mich. Obwohl ich aus einem bayerischen Vorzeige-Bierdorf im Süden von München stamme, muss ich zugeben, dass auch ich vor wenigen Jahren absolut kein Gefallen an gängigen Gerstensäften fand. Dabei war Bier bei uns schon seit jeher ein Getränk, das die Leute um mich herum zum Feierabend, im Biergarten oder auf Volksfesten tranken.

Mein Interesse am Bier ist erst mit der Craftbier-Bewegung erwacht. Auf einer Genussveranstaltung im Jahre 2012 kam ich als Journalistin das erste Mal mit US-amerikanischen Kreativsuden in Kontakt und erlebte einen für mich entscheidenden Wow-Effekt. Ich war überrascht, welch subtile Aromen im virtuosen Zusammenspiel diverser Hopfensorten überhaupt möglich sind, und durchlief ein völlig neues Genusserlebnis. Damals waren Kreativbiere hierzulande noch weitgehend unbekannt.

Nach dieser Initialzündung startete ich ein Jahr später mit „feinerhopfen.com" den ersten Craftbier-Blog in Deutschland und begann, mich immer mehr mit dem Thema Bier, dessen Rohstoffen, der Herstellung, den verschiedenen Typologien, der Sensorik und Bierländern sowie den Brauern hinter der Marke auseinanderzusetzen. Seitdem begleite ich die moderne Bierszene mit ihren einzigartigen Suden, ungewöhnlichen Charakteren und einer großartigen Community sowohl auf meinen Plattformen als auch medial in renommierten Print- und Onlinemedien und half auf diese Weise mit, den jungen Brauern den Weg in einen neuen Markt zu ebnen. Aber immer wieder treffe ich auf Menschen, die erstaunt darüber sind, wieso sich eine Frau mit dem Thema Bier befasst, das sei doch schließlich Männersache. Weit gefehlt: Wer sich mit der Bierhistorie auskennt, der weiß, dass es Frauen waren, die bereits vor Tausenden von Jahren – quasi als Nebenprodukt beim Brotbacken – die ersten Sude brauten.

Mir ist klar, dass sich die vielen spannenden Brauwerkstätten, die in den vergangenen Jahren rund um den Globus entstanden sind, kaum zwischen zwei Buchdeckel packen lassen, sodass ich mich zwangsläufig auf eine begrenzte Auswahl im deutschsprachigen Raum konzentrieren musste. Das Ergebnis der Selektion sind Porträts aus einer Mischung von traditionellen und kreativen Brauereien, die alle auf ihre Art und Weise einzigartig sind und eine interessante Geschichte zu erzählen haben.

TREND ZUM EIGENEN BIER

EGAL OB MIT KOCHTOPF, EINKOCHER ODER PROFESSIONELLEM EQUIPMENT – HOBBYBRAUEN IST SO BELIEBT WIE NIE ZUVOR. DOCH BEVOR DER ERSTE SUD ANGESETZT WIRD, GIBT ES EINIGES ZU BEACHTEN: WELCHES EQUIPMENT UND WELCHE ROHSTOFFE WERDEN BENÖTIGT, UND WIE BRAUT MAN EIGENTLICH BIER? TIPPS UND TRICKS ZUM HOMEBREWING.

Was die wenigsten wissen: Die Craftbier-Bewegung in den USA ist erst durch die Homebrewing-Community entstanden. Seit einigen Jahren ist auch hierzulande das Do-it-yourself-Fieber ausgebrochen. Immer mehr Bier-Aficionados begeistern sich für das genussfreudige Hobby, decken sich mit allerlei Utensilien ein, treffen sich auf diversen Heimbrauer-Stammtischen, reichen ihre Sude bei Wettbewerben ein oder wagen sogar den Schritt zur kommerziellen Marke. Zwar existieren keine exakten Zahlen, wie viele Hausbrauer es tatsächlich in Deutschland gibt, aber eine grobe Einschätzung der Dimension vermitteln die sozialen Medien. So verzeichnen renommierte Hobbybrauer-Foren im Internet mehr als 14.000 Mitglieder – Tendenz steigend –, die dort ihre Erfahrungen austauschen, sich Brautipps geben oder ihre Rezepte zum Nachkochen veröffentlichen.

VORBEREITUNG

Wer mit dem Hobbybrauen beginnen will, sollte sich zunächst überlegen, mit welchem Equipment er brauen möchte und welcher Bierstil es werden soll. Hilfe zur Rezepterstellung oder fertige Anleitungen findet man in den Hobbybrauer-Foren des Internets oder in zahlreichen Heimbrau-Büchern. Bevor der erste Sud angesetzt wird, sollte man ein paar rechtliche Dinge beachten. Denn: Das Herstellen von Bier unterliegt in Deutschland der Steuerpflicht. So muss man generell beim Zoll anzeigen, dass man zu Hause Bier braut. Aber keine Sorge: 200 Liter pro Jahr sind steuerfrei. Die Anzeige ist erst einmal lediglich für die Unterlagen. Allerdings ist auch nur Brauen für den Eigengebrauch erlaubt. Wer mehr produzieren und das Bier verkaufen möchte, der muss eine Steueranmeldung nach amtlich vorgeschriebenem Vordruck abgeben. Mehr Infos und die Kontakte stehen auf den Webseiten des zuständigen Hauptzollamtes des jeweiligen Bundeslandes.

SCHRITT: MAISCHEN

Das Maischen ist einer der wichtigsten Prozesse beim Bierbrauen. Wasser wird je nach Rezept auf eine erforderliche Temperatur erhitzt und mit dem geschroteten Malz vermengt. Das Ganze sollte etwas gerührt werden, sodass eine homogene Maische entsteht und sich keine Klümpchen bilden. Nun erhöht man die Temperatur und hält die sogenannten Rasten. Der gesamte Maischeprozess dauert gut eine Stunde. Währenddessen wird die Stärke aus dem Getreide gelöst und in Zucker umgewandelt. Diesen benötigt später die Hefe, um Kohlensäure und Alkohol zu produzieren. Um zu testen, ob der Zucker umgewandelt wurde, sollte eine Jodprobe durchgeführt werden. Heißt: etwas von der Flüssigkeit auf einen weißen Teller träufeln und Jod dazugeben. Färbt sich das Gemisch lila, dann ist der Prozess nicht abgeschlossen und braucht noch einige Zeit. Erst wenn sich nichts verfärbt, kann geläutert werden.

SCHRITT: LÄUTERN

Nach dem Maischen folgt das Läutern. Hierbei wird das Malz vom Flüssigen getrennt – am besten einfach den Ablaufhahn aufdrehen, bis keine Flüssigkeit mehr kommt. Jetzt sollte man den „Nachguss“ über das fast trockene Malz gießen, um noch den restlichen Zucker aus dem Malz auszuwaschen. Das Malz nennt sich jetzt Treber, der zum Brotbacken oder auch als Viehfutter genutzt werden kann.

SCHRITT: WÜRZE KOCHEN

Das Flüssige, die sogenannte Würze, wird nun wallend auf 100 °C gekocht und dann der erste Hopfen zugegeben. Dieser gibt bei Siedetemperatur seine sogenannte Alphasäure ab und schenkt dem Bier seine Bittere und macht es haltbar sowie steril. Je mehr Alphasäure die ausgewählte Hopfensorte besitzt, umso herber wird das Bier. Bestenfalls sollte der Hopfen rund 90 Minuten in der Würze kochen. Dabei darf der Deckel nicht ganz aufliegen. Flüssigkeit muss verdampfen, damit mögliche Bierfehler wie etwa Dimethylsulfid (DMS) ausgetrieben werden können.

4

SCHRITT: WHIRLPOOL

Nach dem Hopfenkochen sollte man mit einem großen Holzlöffel oder Braupaddel durch kräftiges Rühren einen Strudel erzeugen. Dadurch setzen sich Hopfenreste und Eiweißflocken in einem Kegel ab. So kann die Flüssigkeit anschließend möglichst rein in den Gärkessel ablaufen. Bei manchen Rezepten erfolgt hier auch eine weitere Hopfengabe.

5

SCHRITT: SPINDELN

Jetzt sollte eine Spindelprobe entnommen werden, um die Stammwürze zu bestimmen, die in der Einheit Plato gemessen wird. Dafür bietet sich eine Bierspindel oder ein Refraktometer an. Durch den gemessenen Wert kann in etwa der potenzielle Alkoholgehalt bestimmt werden. Nimmt man diesen Wert, teilt ihn durch 2 und zieht dann 2 ab, stellt das den ungefähren Alkoholgehalt dar.

Beispiel: 16 °P Stammwürze : 2 – 2 = 6 Prozent Alkoholgehalt

6

SCHRITT: HEFEGABE

Spätestens ab jetzt sollte penibel auf Sauberkeit geachtet und sollten möglichst alle Utensilien desinfiziert werden. Die fertige Würze wird in den Gäreimer gelassen und beispielsweise mit einer Kühlspirale auf die gewünschte Gärtemperatur heruntergekühlt. Nun kommt die Hefe dazu. Mit einem Deckel bedecken und innerhalb von etwa drei bis zehn Tagen sollte die Hefe den Zucker während der Hauptgärung zu Alkohol und Kohlensäure umwandeln. Sobald das Gärröhrchen nicht mehr blubbert, sollte der Restextrakt, also der Wert der Stammwürze nach der Gärung, gemessen werden. Das wiederholt man bestenfalls alle drei Tage, und wenn sich der Wert nicht ändert, dann geht es ans Abfüllen.

Um die Vielfalt an Aromen zu komplettieren, können auch während des Gärprozesses weitere Zutaten wie etwa noch mehr Hopfen oder Früchte hinzugefügt werden.

7

SCHRITT: ABFÜLLEN

Jetzt hat man ein sogenanntes Jungbier, das in gereinigte Flaschen gefüllt wird. Diese am besten vorher ordentlich mit Wasser auskochen, um mögliche Fehlaromen zu vermeiden. Das Jungbier besitzt nur wenig Kohlensäure, deswegen ist eine zweite Gärung, die sogenannte Nachgärung, in der Flasche durch Zugabe von etwas Haushaltszucker ratsam. Die Flaschen nun noch etwa eine Woche stehend bei Gärtemperatur lagern, anschließend kalt stellen und ein paar Wochen reifen lassen. Wann das Bier perfekt ist, kann jeder selbst entscheiden – einfach immer wieder mal eine Flasche aufmachen und probieren.

8

SCHRITT: WEITERMACHEN

Es kann durchaus passieren, dass ein Sud mal nicht gelingt. Nicht aufgeben und am besten gleich das nächste Bier ansetzen.

Equipment und Rohstoffe

https://mashcamp.shop www.hobbybrauerversand.de www.braupartner.de https://brauen.de https://braumarkt.com/de www.brauhardware.de/de

WETT-BEWER-BE

AWARDS

Wer seine Kräfte mit anderen Hobbybrauern messen und seine Qualität auf den Prüfstand stellen möchte, der findet im Folgenden die wichtigsten Wettbewerbe.

HOBBYBRAUERWETTBEWERB MAISEL & FRIENDS

Maisel & Friends aus Bayreuth erfüllen seit 2018 alljährlich engagierten Hobbybrauern einen großen Traum. Der Sieger des Hobbybrauerwettbewerbs, der gemeinsam mit der Getränkemesse BrauBeviale in Nürnberg ins Leben gerufen wurde, darf sein Siegerbier mit dem Braumeister auf dem 25-Hektoliter-Sudwerk der Maisel-&-Friends-Brauwerkstatt nachbrauen. Dazu wird ein professionelles Etikett entworfen und der Gewinner darf das Bier auf der Messe vorstellen. Für jeden Wettbewerb wird ein anderer Bierstil festgelegt.

https://maiselandfriends.com/hobbybrauer/

DEUTSCHE MEISTERSCHAFT DER HOBBYBRAUER

Der Hobbybrauer-Award der Störtebeker Braumanufaktur in Stralsund wurde 2017 ins Leben gerufen. Jedes Jahr verkostet eine professionelle Jury einen anderen Bierstil. Der Sieger darf sein Bier gemeinsam mit den Störtebeker Brauern im Hauptquartier in Stralsund brauen, bekommt 400 Liter des fertigen Bieres nach Hause geliefert und einen Sachpreis nach Wahl.

https://www.hobbybrauer-meisterschaft.de/

LEIKEIM HOBBYBRAUER-WETTBEWERB

Unter dem Motto „Wie schmeckt daheim?“ sucht das Team der Leikeim Brauerei Altenkunstadt das beste Bier eines Hobbybrauers aus Franken. Beim Bierstil gibt es keine Einschränkungen, außer dass er nach dem bayerischen Reinheitsgebot gebraut werden soll. Der Sieger erhält nicht nur den Titel „Bester Hobbybrauer Frankens“, sondern darf auch beim Einbrauen des eigenen Sudes auf der professionellen Anlage dabei sein. Zusätzlich bekommt er 150 Liter des eingebrauten Bieres. Besonderes Highlight: Das Gewinnerbier wird von Leikeim als exklusive und limitierte Spezialität ins Sortiment aufgenommen.

www.leikeim.de/hobbybrauer

HEIMBRAU CONVENTION

Innerhalb der Heimbrau Convention im Schloss Romrod in Hessen, auf der es das neueste Brauzubehör und Rohstoffe zu begutachten gibt, findet auch ein Hobbybrauer-Wettbewerb statt. Die Einreichungen sind auf eine gewisse Anzahl von Bieren und Kategorien limitiert.

https://heimbrauconvention.de/

BESTBREWCHALLENGE

Bei der BestBrewChallenge von BESTMALZ in Heidelberg, die jährlich seit 2015 stattfindet, müssen die Teilnehmer immer am selben Tag, zur selben Zeit einen bestimmten Bierstil einbrauen. Die einzigen Vorgaben sind die Typologie sowie eine spezielle Malzsorte.

https://bestbrewchallenge.com/de/

IS LOVE

EINE BIERVERKOSTUNG FÜR DEN OPTIMALEN GENUSS

SENSORIK UND VERKOSTUNG

Bier ist so viel mehr als ein erfrischender Durstlöscher. Mit der richtigen Vorbereitung und ein paar Verkostungstipps kann deutlich mehr aus Pils, India Pale Ale, Stout & Co. herausgekitzelt werden, als den meisten Leuten bewusst ist. Aber eines vorweg: Sensorik ist individuell, jeder Mensch besitzt seine eigene Wahrnehmung.

WAS PASSIERT EIGENTLICH BEI DER SENSORISCHEN WAHRNEHMUNG?

Spezifische Rezeptoren der Sinnesorgane nehmen physikalische und chemische Reize eines Lebensmittels auf, in diesem Fall vom Bier, wandeln diese in elektrische Signale um und leiten sie zum Gehirn. Dieses filtert und verarbeitet die Informationen und gibt sie als Empfinden wieder.

NERD-WISSEN

— Die meisten Menschen besitzen etwa 2000 Geschmacksknospen, manche sogar 5000
— Es gibt keine geborenen Sensoriker, es ist alles eine Frage des Trainings
— Geschmacksknospen erneuern sich alle paar Wochen
— Als olfaktorisch bezeichnet man den Geruchssinn
— Rund 80 Prozent aller Sensorik nehmen wir über die Nase auf
— Als gustatorisch bezeichnet man die Wahrnehmung auf der Zunge

DIE FÜNF GRUNDGESCHMACKSARTEN

— Bitter
— Sauer
— Salzig
— Süß
— Umami

VERKOSTUNGSVORBEREITUNG

DOS

— Eine spannende Bierauswahl zusammenstellen – am besten fünf oder sechs unterschiedliche Sorten von verschiedenen Brauereien
— Biere kühlen und je nach Bierstil rechtzeitig aus dem Kühlschrank nehmen. Die ideale Verkostungstemperatur liegt zwischen 10 und 13 °C. Bei hochprozentigen Bieren sogar bei rund 16 °C
— Verkostungsgläser vorher mit kaltem Wasser ausspülen, damit sich der Schaum gut entwickeln kann
— Wassergläser bereitstellen – etwas Wasser zwischendurch und vor allem nach jedem Bier neutralisiert die Geschmacksknospen und schützt vor möglichem Kater

DON'TS

— Unmittelbar vor einer professionellen Verkostung nicht rauchen, keinen Kaffee trinken, die Zähne nicht putzen, keinen Kaugummi kauen oder Bonbons lutschen
— Kein Parfum, Rasierwasser oder ein stark riechendes Deodorant auftragen
— Am besten einen gut belüfteten, möglichst geruchsneutralen Raum wählen
— Anfänger sollten nicht mehr als sieben Biere verkosten, sonst werden die untrainierten Geschmacksknospen überfordert

SO GEHT'S

Bier sollte mit allen Sinnen genossen werden: Sehen, Riechen, Fühlen, Schmecken.

1

SCHRITT: OPTIK

Zuerst begutachtet man Farbe und Trübung des Bieres sowie Aussehen und Konsistenz des Schaumes:

Farbe: Golden, strohgelb, bernsteinfarben, bronzefarben, kupferfarben, mahagonifarben, kastanienbraun, nachtschwarz

Trübung: Glanzfein, opal, naturtrüb, trüb, opak

Schaum: Fein-, mittel-, grobporig, stabil, instabil, sahnig, cremig, schneeweiß, creme-, beige-, espressofarben

2

SCHRITT: SCHNUPPERN

Nach der Optik folgt der Duft, der von den eingesetzten Rohstoffen bestimmt wird. Beim Riechen am besten auch den Mund öffnen, sodass eine bessere Belüftung stattfindet.

HOPFEN:

— Floral: Holunder-, Apfel-, Kamillenblüte, Rose, Jasmin, Lavendel, Geranie o. Ä.
— Würzig: Pfeffer, Anis, Fenchelsamen, Muskatnuss, Wacholder o. Ä.
— Krautig: Tee, Salbei, Thymian, Fenchel, Koriander, Liebstöckel o. Ä.
— Fruchtig: Mango, Maracuja, Mandarine, Zitrone, Papaya, Litschi, Wassermelone, Banane, Ananas, rote Beeren, Apfel, Kiwi, Stachelbeere o. Ä.
— Holzig: Tabak, Cognac, Leder, Harz, Zeder, Pinie, Erde o. Ä.
— Menthol: Minze, Melisse, Kampfer o. Ä.
— Vegetal: Sellerie, Zwiebel, Knoblauch o. Ä.
— Grün-grasig: grasig, Heu, Brennnessel, grüne Paprika o. Ä.
— Sahnekaramell: Butter, Schokolade, Joghurt o. Ä.

MALZ:

Brotig, nussig, Honig, Karamell, Schokolade, Kaffee, rauchig, röstig

HEFE:

Fruchtig, floral, gemüseartig, buttrig, Nelke

3

SCHRITT: ERLEBNIS IM MUND

Erst nach dem Duft kommt der erste Schluck. Den gern zunächst mal runterschlucken, das bereitet den Mundraum auf das Bier vor. Der zweite Schluck sollte länger auf der Zunge bleiben. Hier gibt es einen Trick: Am besten den inneren Mundraum etwas öffnen und durch die Nase ein- und ausatmen, das nennt sich retronasal und verstärkt die Geschmackswahrnehmung. Analysieren kann man nun:

— Antrunk: schlank, cremig, weich, vollmundig, malzaromatisch, hopfenaromatisch, fruchtig
— Geschmack: süß, sauer, bitter, umami, salzig
— Körper: schlank, vollmundig, mastig, kräftig
— Rezenz: moussierend, spritzig, prickelnd, flach
— Bittere: kaum wahrnehmbar, dezent, spürbar, deutlich, kräftig, markant, kratzig
— Finish/Nachtrunk: kurz, intensiv, lang anhaltend, harmonisch, unangenehm, trocken

Ganz wichtig: Bier muss bei einer professionellen Verkostung – im Gegensatz zu Wein – immer runtergeschluckt werden. Erst im sogenannten Finish, also im Nachtrunk, kann die Bittere analysiert werden, und auch die Aromen können sich noch verändern.

B

20 BRAUEREIEN ÖFFNEN DIE KESSEL

BEER
ART

KEHRWIEDER

HANSEATISCHE SUDZAUBEREI

Diverse Intermezzi in den USA und in der Karibik, eine selbst gebaute Brauanlage aus alten Milchtanks und der Titel Weltmeister der Biersommeliers führen dazu, dass Oliver und Julia Wesseloh inzwischen eine der innovativsten Braustätten in Hamburg leiten: die Kehrwieder Kreativbrauerei.

Um eine Probe zu entnehmen, schraubt Oliver Wesseloh den Zwickelhahn an den Lagertank.

Die Macher der Kehrwieder Kreativbrauerei reifen einige Sorten in vorbelegten Whisky-, Rum- und Weinfässern.

Julia Wesseloh ist von Beginn an im Unternehmen involviert.

Oliver Wesseloh gilt als echter Bier-Allrounder. Er ist nicht nur leidenschaftlicher Braumeister und Gründer der Kehrwieder Kreativbrauerei in Hamburg, sondern ebenso ein wahrer Profi der Sensorik: 2013 gewann er die Weltmeisterschaft der Biersommeliers. Seine Passion zum Bier entdeckte der Sudzauberer schon 1990 während eines Schüleraustauschs. Kanadische Schüler wollten in Hamburg nur zwei Dinge: die Reeperbahn sehen und deutsches Bier trinken. Als Wesseloh dann mit seiner Klasse in Toronto war, verstand er, warum. Das Bier wurde im 5-Liter-Pitcher serviert und schmeckte wässrig und fad. So entschied er sich einst, Bierbrauer in Kanada zu werden. „So steht das auch in meiner Abi-Zeitung", schmunzelt Wesseloh.

Mit klarem Ziel vor Augen startete er drei Jahre später ein neunmonatiges Praktikum in einer Hamburger Gasthausbrauerei, ging danach nach Berlin, um Gärungstechnologie und Brauereiwissenschaften zu studieren. Die Uni verließ er stolz als Diplom-Ingenieur für Brauereiwesen. In den frühen 2000ern reiste er dann mit seiner damaligen Frau Julia, eine Journalistin und Fotografin, auf die Kaimaninseln, um dort knapp zwei Jahre in einer Brauerei anzuheuern. In der Karibik gefiel es den beiden ausgesprochen gut, und die kanadische Brauerei rückte in weite Ferne. Aber der Gedanke, eine eigene Biermanufaktur zu haben, ließ die Wesselohs nicht los. So fiel die Entscheidung irgendwann auf ihre Heimatstadt Hamburg.

Nach einem kurzen Intermezzo in Miami kamen sie zurück nach Deutschland. Noch in den Startlöchern hörte Oliver Wesseloh von einem Brauerkollegen, dass auch ein gewisser Friedrich Matthies plante, eine Brauerei in Hamburg aufzumachen. So trafen sich die beiden Bierprofis das erste Mal in den Herbstmonaten 2012, tauschten ihre Ideen aus und begannen gleich, an möglichen Suden zu tüfteln. Es folgte ein Businessplan und die Gründung der Kehrwieder Kreativbrauerei. „Den Namen haben wir an die alte Hafenausfahrt angelehnt, an der, laut Legende, die Seefahrer ihre Familien mit dem Gruß ‚Kehrwieder' verabschiedet haben", erklärt Julia Wesseloh, die seit Beginn in das Unternehmen involviert ist.
Ihre erste Brauanlage bauten Wesseloh und Matthies eigenhändig: Sie schweißten alte Milchtanks zusammen und tauschten die Kühlelemente gegen einen Erhitzer aus. Einziges Problem: die Standortsuche. „Im Prinzip wollten wir nur eine Industriehalle mit hohen Decken und belastbarem Boden, wo wir das Teil hätten reinstellen können", sagt Oliver Wesseloh. So schlugen sich die Nordlichter zunächst einmal als Gypsy-Brauer durch und produzierten ihre ersten Biere wie etwa das „Prototyp", ein hopfengestopftes Lager, in einer Brauerei in Dänemark.

Nur zwei Jahre nach der Gründung der Kehrwieder Kreativbrauerei entschieden sich Wesseloh und Matthies, getrennte Wege zu gehen. Familie Wesseloh führt seitdem allein die Geschäfte und konnte außerdem eine eigene Location in Hamburg-Harburg beziehen. Der Sieg bei der Weltmeisterschaft der Biersommeliers und zahlreiche Auszeichnungen der Kehrwieder-Biere bei internationalen Wettbewerben bescherte den Wesselohs einen Erfolg nach dem anderen. Wie das Leben so spielt, haben sie zwar mittlerweile ihre Ehe aufgegeben, bilden jedoch nach wie vor ein gutes Team. So wurde die Kreativbrauerei auch schon mehrfach von den Nutzern der Online-Bierbewertungsplattform „ratebeer" als beste Braustätte Hamburgs gekürt.

Genau das treibt die Wiederkehrer an. Oliver Wesseloh und sein Brauteam arbeiten intuitiv, innovativ und brauen einfach nur das, was ihnen gefällt. So finden Bierliebhaber ein Konglomerat an Kreativsorten. Besonders erfolgreich ist die Single-Hop-Serie, bei der immer dasselbe Grundrezept gebraut, aber jedes Mal ein anderer Hopfen verwendet wird. Damit zeigen die Sudmeister, welche Qualitäten und Aromen die jeweiligen Sorten so draufhaben. Zudem gibt es die spritzige „Elbe Gose", die mit Sylter Meersalz gebraut wird, sowie einige saisonale Sorten. Darunter etwa „El Duderino", ein zehnprozentiges Russian Imperial Milk Coffee Stout, für das im Kessel neben Laktose feinste Kaffeebohnen einer regionalen Rösterei stecken, oder fassgereifte Starkbiere aus speziellen Rum-, Whiskey- oder Moscatel-Rosso-Fässern.
Zu den Bestsellern von Kehrwieder gehören inzwischen die alkoholfreien Kreativbiere. Das erste war das „ÜNN IPA", ein India Pale Ale, das seinen fruchtigen Geschmack von den amerikanischen Hopfensorten Simcoe und Mosaic erhält und mit einer neuartigen Hefe vergoren ist, die nur bis 0,4 Prozent Alkohol produzieren kann. Das Hamburger Brauteam ist noch immer völlig überrascht, dass diese Kreation als erstes alkoholfreies Kreativbier der Nation solche Wellen schlug, damit einen Trend lostrat und ihr absatzstärkster Trunk werden würde. Aufgrund der hohen Nachfrage legte der Chef am Sudkessel inzwischen auch ein Juicy Pale Ale nach, das in Duft und Geschmack durch das Rohstoffspiel an eine Piña colada erinnert oder aber ein Coffee Stout, gebraut mit Kaffeebohnen. „Diese Biere überraschen", schmunzelt Brauingenieur Wesseloh, „denn sie begeistern mit viel Aroma, und man merkt erst gar nicht, dass sie keinen Alkohol haben."

Qualitätskontrolle zählt zu den wichtigsten Aufgaben in der Brauerei. So verkostet auch Julia Wesseloh regelmäßig.

Julia und Oliver Wesseloh sind zwar inzwischen getrennt, bilden aber immer noch ein gutes Team und führen erfolgreich die Kehrwieder Kreativbrauerei.

KEHRWIEDER!
kreativbrauereihamburg
Barrel Stout
16.05.2022
Rum Jamaika.
28.04.2022

Eine attraktive Bierfarbe und das passende Glas sind genauso entscheidend für ein gutes Bier wie das Aroma.

Nach einem langen Arbeitstag genießen die Wiederkehrer gern ihr Feierabendbier auf der Hausbank vor der Brauerei.

SINGLE HOP IPA

Das „Single Hop IPA" zeigt sich in einem Bernsteinton und mit einem weißen Schaum. Im Aroma dominieren fruchtige Noten von Mango und Maracuja. Hinzu kommt eine knackige Bittere.

STAMMDATEN

AUSSCHLAGVOLUMEN	STAMMWÜRZE	ALKOHOL	IBU
20 l	16,5 °P	7,5 %	ca. 65

SCHÜTTUNG

WIENER MALZ	PALE-ALE-MALZ	KARAMELLMALZ
3300 g	1930 g	270 g

MAISCHPROGRAMM

EINMAISCHEN MIT 15 L WASSER MIT 50 °C
66 °C — 60 MINUTEN RAST
NACH JODPROBE ABMAISCHEN BEI 78 °C

LÄUTERN

CA. 15 L NACHGUSS
(78 °C WARMES WASSER)

KOCHEN

KOCHZEIT 75 MINUTEN

HOPFEN	ZUGABE
20 G SOLERO (10 % ALPHASÄURE)	BEGINN KOCHEN
10 g SOLERO	KOCHMITTE
10 g SOLERO	10 MINUTEN VOR KOCHENDE
11 g SOLERO	5 MINUTEN VOR KOCHENDE
20 g SOLERO	WHIRLPOOL
STOPFEN:	
100 g SOLERO	ENDE GÄRUNG, BEI CA. 22 °C, 24–48 STUNDEN – MIT DER HEFE NACH DEM KÜHLEN ABZIEHEN

GÄRUNG

AMERIKANISCHE ALE-HEFE BEI 20 °C

KALTHOPFEN

100 G SOLERO	ENDE GÄRUNG, BEI CA. 22 °C, 24–48 STUNDEN – MIT DER HEFE NACH DEM KÜHLEN ABZIEHEN

Wuida Hund 4,5% 6 New England
Helles 4,9% 7 Vogelwuid
Gracherl 0,0% 8 Märzen
Weißbier 5,5% 9 Wuidsau
4,1% Brauwasser

HOPPEBRÄU

WILDER HUND

Die Leidenschaft zu kreativen Bieren entfachte sich bei Markus Hoppe 9000 Kilometer von seiner Heimat entfernt, auf Mauritius. Zurück im oberbayerischen Waakirchen errichtete der junge Braumeister Hoppebräu, sein eigenes Biermekka mit Brauerei, Brewpub und Biergarten. Seitdem gilt er als Erfolgsbeispiel für viele seiner Kollegen.

Wichtige Gespräche: Braumeister Markus Hoppe bringt seinen Kollegen auf den neuesten Stand.

Palettenweise frisches Bier wartet, bis es in den Lkw geladen und zum Kunden geliefert wird.

Markus Hoppe spindelt, um die Stammwürze zu überprüfen.

Markus Hoppe lebt und arbeitet dort, wo andere Urlaub machen. Im bayerischen Oberland mit malerischen Bergkulissen, gemütlichen Biergärten und urigen Wirtschaften erfüllte sich der junge Braumeister seinen größten Traum. In der 6000-Seelen-Gemeinde Waakirchen nahe des Tegernsees, wo bunte Geranien die Balkone der alten Bauernhäuser schmücken, errichtete der zielstrebige Oberbayer seine eigene Brauerei mit gemütlichem Pub und heimeligem Biergarten.

Gerade in dieser Region, dominiert von jahrhundertealten Traditionsbraustätten, gilt das als wahre Meisterleistung: „Das braucht einen ganz schön langen Atem", bekennt Markus Hoppe schmunzelnd, „aber wenn die Realisierung einer Brauerei so einfach wäre, dann würde es wohl jeder machen."

Ganz so einfach war Hoppes Vorhaben jedenfalls nicht. Lange Zeit vor dem Start in die Selbstständigkeit analysierte er sein Umfeld. Er wollte sich von den anderen Brauereien abheben. Das kostete das bayerische Mannsbild enorme Willensstärke, Mut sowie finanzielle Risikobereitschaft und vor allem Nerven. Viel Schweiß und Tränen brachten den sympathischen Jungunternehmer, der immer ein Lächeln auf den Lippen führt, zum Ziel. „Bei uns zählen die Identifikation als Familienbetrieb und die damit verbundene Authentizität", betont er im oberbayerischen Dialekt. Besonders aber seine Kreativbiere führe in dieser Form keiner seiner Konkurrenten im Sortiment.

Die Idee zu Hoppebräu kam ihm 9000 Kilometer von seiner Heimat entfernt. Nach seiner Brauerlehre bei einem Traditionsbetrieb bot sich ihm die Chance, die Flying-Dodo-Gasthausbrauerei auf Mauritius hochzuziehen. Das ließ sich Markus Hoppe nicht entgehen, und er experimentierte dort erstmals mit Rohstoffen, die in seiner Heimat das heilige Reinheitsgebot untersagt hätte. Der Kurzzeitauswanderer braute mit Zuckerrohr, tüftelte an verschiedenen India Pale Ales (IPAs) mit ganz unterschiedlichen, Hopfenkombinationen und sammelte für ein Imperial Stout sogar Pinienrinde am Strand, die zur Nachgärung im Bottich landete. „In den paar Monaten habe ich wirklich alles ausprobiert, was irgendwie machbar war", erzählt der einstige Hobbybrauer, der seine ersten Biere in der Garage seiner Eltern mit einer 100-Liter-Anlage produzierte.

Nach der Reise wollte er unbedingt seine eigene Biermarke gründen und den Bayern zeigen, welche Biervielfalt es neben Weißbier, Hellem & Co. gibt. Er braute wie ein Besessener, bis die Kapazitäten schnell nicht mehr ausreichten und Markus Hoppe den Schritt zum Gypsy-Brauer wagte. Seine Sude verwirklichte er nun ohne eigene Produktionsstätte in befreundeten Brauereien. Auf der Rückfahrt eines Brautages fragte er seinen Vater, wie er denn nun das hopfengestopfte Lager nennen sollte. Dieser meinte nur: „Alle sagen zu dir, du bist ein wuider Hund, wieso nennst du das Bier nicht einfach ‚Wuider Hund'?" Der Name stand fest und der Weg zur „Wuid"-Serie war angelegt. Beim zweiten Bier, dem India Pale Ale (IPA), fungierte der Opa als Testperson. Der nippte am Glas, verzog das Gesicht und sagte: „Puh, das schmeckt ja vogelwuid!" Somit war das „Vogelwuid IPA" geboren.

Der nächste Schritt stand an. Markus Hoppe war ziemlich aufgeregt, als er das erste Mal beim Waakirchner Bürgermeister vorsprach, der ihn aber wegen seines Vorhabens, eine eigene Brauerei im Ort zu errichten, regelrecht auslachte. Nahezu zeitgleich erhielt der Jungbrauer eine Existenzgründerförderung und begann intensiv mit der Planung seines Bierreichs. „Ich musste viel Lehrgeld blechen", sagt Markus, der Familienvater zweier Söhne ist. Wegen eines querschlagenden Nachbarn musste er auch noch eine Lärmschutzwand aufbauen, die in der Gemeinde jetzt „Waakirchner Klagemauer" genannt

wird. Die Mühe hat sich gelohnt. Im April 2018 fand der erste Spatenstich statt, bei dem Markus Hoppe die Freudentränen nur so über die Wangen kullerten.

Ein Jahr danach eröffnete der engagierte Freizeitkoch sein Bier-Erlebniszentrum, das er schon wenige Monate später mit neuen Tanks erweitern musste. In seiner Brauerei setzte Hoppe auf neueste Technologien, weitgehend regionale Rohstoffe und Transparenz. Sein lokales Zugpferd ist ein süffiges Helles. „Ich sehe unsere Sorten als Bindeglied zwischen traditionellen und extremen Bieren", bekräftigt der Vollblutbayer.

Er versteht das als Brückenschlag zwischen Tradition und Moderne und führt daher neben den bayerischen Sorten hopfenbetonte Session IPAs, Double IPAs oder Amber Ales im Portfolio. Eines seiner beliebtesten Biere ist das Jahrgangsbier: ein Imperial Stout jenseits der zehn Umdrehungen, das mehrere Monate zur Vollendung in Whiskeyfässern reift.

Fast alle Hoppebräu-Biere fließen aus elf Zapfhähnen der Zapferei, dem angeschlossenen Brewpub. In dem gemütlichen Gastraum, mit Blick auf die glänzenden Sudkessel, flitzt auch häufig die quirlige Hoppe-Mama als Bedienung herum, oder die Hoppe-Brauer sitzen für einen Ratsch an der Bar, erklären ihre Biere und stoßen mit den Gästen an. „Wir sind eben ein modernes Bierunternehmen zum Anfassen", freut sich der Hoppebräu-Chef sichtlich stolz, der trotz seines Erfolges auf dem Teppich geblieben ist.

In der Zapferei fließen die Hoppebräu-Biere ganz frisch aus elf Zapfhähnen.

Das fruchtig-würzige Weißbier zählt zu den Flaggschiffen von Hoppebräu.

Sowohl Dorfbewohner als auch Besucher aus aller Welt kehren gern in die gemütliche Zapferei ein, um frisch gezapftes Bier zu genießen.

Sauberes Arbeiten und regelmäßige Reinigung der Tanks gehören für den Braumeister genauso dazu wie das Brauen an sich.

Das macht Appetit: sonnengelbe Farbe und ein schneeweißer Schaum.

Der Hoppebräu-Chef ist sichtlich stolz auf sein Produkt.

WUIDA HUND

Das Lagerbier zeigt sich in einem hellen Bernsteinton und mit einer feinporigen, weißen Schaumkrone. Im Aroma präsentiert es malzige und hopfige Noten, die an Holunder erinnern.

STAMMDATEN

AUSSCHLAGVOLUMEN	STAMMWÜRZE	ALKOHOL	IBU
23 l	11,1 °P	4,5 %	35

SCHÜTTUNG

PILSNER MALZ	CARAAROMA	MELANOIDIN
3000 g	50 g	250 g

MAISCHPROGRAMM

EINMAISCHEN MIT 15 L WASSER MIT 58 °C
62 °C — 15 MINUTEN RAST
64 °C — 10 MINUTEN RAST
68 °C — 10 MINUTEN RAST
72 °C — 30 MINUTEN RAST
NACH JODPROBE ABMAISCHEN BEI 78 °C

LÄUTERN

CA. 15 L NACHGUSS
(78 °C WARMES WASSER)
AUFTEILEN AUF 3 X 5 L

KOCHEN

KOCHVOLUMEN 20 L
KOCHZEIT 60 MINUTEN

HOPFEN	ZUGABE
2,5 g CASCADE DE	BEGINN KOCHEN
24 g CASCADE DE	KOCHENDE BZW. WHIRLPOOL

GÄRUNG

W-34/70 ANSTELLEN BEI 8 °C UND BIS AUF 9,5 STAMMWÜRZE KOMMEN LASSEN

KALTHOPFEN

50 g MANDARINA BAVARIA — 3,5 TAGE
50 g CASCADE DE — 3,5 TAGE
50 g CITRA — 3,5 TAGE

SCHNEEEULE

DIE HELDIN DER BERLINER WEISSE

Manche Menschen würden Ulrike Genz vermutlich als Nerd bezeichnen. Die Berlinerin steht auf Mikrobiologie und Spezialhefen. Genau diese Leidenschaft brachte sie dazu, die echte Berliner Weiße zu reanimieren und der Hauptstadt ein Kulturerbe zurückzugeben.

Im Schneeeule Salon kann man die Berliner-Weiße-Spezialitäten ausgiebig probieren. Dort gibt es auch geführte Verkostungen und sogenannte Lehrstunden.

U

Ulrike Genz gilt als Retterin eines Kulturguts, das die Berliner irgendwann im letzten Jahrhundert verloren haben. Die Hauptstädterin spezialisierte sich mit ihrer Brauerei Schneeeule auf original Berliner Weiße und ist somit eine von ganz wenigen Brauerinnen, die den Bierstil wiederbeleben. Doch bis zum perfekten Sud war es ein langer Weg. Erst studierte sie Biotechnologie, bis ihr das zu öde wurde und sie tiefer in chemische und mikrobiologische Bereiche eintauchen wollte. Daraufhin switchte sie auf Brauwesen um, weil es ihr bodenständiger und anspruchsvoller erschien. Ein Uni-Vortrag über amerikanischen Hopfen und die ersten Kostproben faszinierten sie so, dass sie sich für einen neuen Lebensweg entschied. „Das war ein echter Wow-Effekt, denn zuvor kannte ich eigentlich nur Pils und Weizen", erinnert sich die Braumeisterin.

Eine Reise an die Westküste der USA, wo die Craftbier-Szene bereits in vollem Gange war, bestätigte Ulrike Genz in ihrem Vorhaben: Sie will eigenes Bier brauen – und zwar ein ganz besonderes. Es war dann 2013 auf einem Uni-Fest, wo die Hauptstädterin das erste Mal auf eine echte Berliner Weiße stieß – so völlig ohne pappsüßen Sirup. Ein Braumeister produzierte extra für das Fest diesen Sud, der in Berlin in Originalform schon lange in Vergessenheit geraten war. „Davon konnte man mehrere Gläser trinken, ohne dass es einen gleich umgehauen hat", sagt Genz in tiefstem Berliner Dialekt und betitelt diesen Moment als Zündfunken für ihre Liebe zu dem uralten deutschen Bierstil.

Sie wollte mehr davon und musste feststellen, dass es im Handel fast unmöglich war, eine original Berliner Weiße zu bekommen. So schrieb sich Braumeisterin Genz auf die Fahnen, ihre eigene Weiße zu brauen. Sie wühlte sich durch alte Rezepturen und suchte nach passenden Mikroorganismen. Die ersten Heimbrauversuche machte sie mit Joghurt und Sauerkraut, bis ein Brauerkollege ihr einige seiner dafür geeigneten

Weiße Geuze
Berlin
SCHNEEEULE
Yasmin
Und spontan vergorenes Bier in Flaschengärung
nicht gefiltert und nicht pasteurisiert
Zutaten: Wasser, Gerstenmalz, Weizenmalz,

Ulrike Genz steht gern am Tresen des Biersalons. Der Strohhut gilt als ihr Markenzeichen.

Hefekulturen mitgab. Heute verwendet die Schneeeule-Chefin überwiegend Hefen, die sie aus Flaschen der letzten Weiße-Brauereien kultivierte, die nach dem Zweiten Weltkrieg noch in Berlin existierten. „Ich versuche damit, so nah wie möglich an das Original zu kommen", untermauert Genz.

Lange suchte die Brauerin nach einer Location für ihre Produktion. Sie wollte zunächst als Gypsy-Brauerin arbeiten, doch sämtliche Braustätten, die sie anfragte, lehnten ab. Die Mikroorganismen, die sie für das einzigartige, säuerliche Aroma verwendet, gelten in konventionellen Brauereien, die etwa Helles oder Pils herstellen, als wahrer Feind. Sie könnten andere Biere infizieren – ein Horrorszenario für Traditionsbrauer. So baute sie 2015 einen Raum in der alten Willinger-Weißbier-Brauerei im Stadtteil Prenzlauer Berg um und gründete 2016 ihre eigene Marke Schneeeule. Aber schon bald wurde ihr hier alles etwas zu klein. „Zugegeben, ich war kurz vor dem Aufgeben", gesteht Ulrike Genz, deren Markenzeichen ein einfacher Strohhut ist. Sie habe keinen größeren und vor allem bezahlbaren Standort gefunden.

Ein Jahr später zog sie mit ihrem Equipment nach Berlin-Tegel. In ihren neuen Räumen verfügte sie nun über einen automatischen Flaschenfüller – zuvor lief alles per Hand – und auch bald über eine eigene Brauanlage. Bislang kauft Genz die Bierwürze noch von befreundeten Brauereien und kümmert sich dann um ihre Spezifikation: die Gärung. „Es war und ist viel harte Arbeit, aber inzwischen sind wir ein tolles Team, das trotz aller Schwierigkeiten so einiges rockt", freut sich die Berlinerin.

Doch ihre größte Fehleinschätzung sei es gewesen, dass sie anfangs glaubte, Berlin hätte

auf eine echte Weiße geradezu gewartet. „Ich dachte, dass die Leute mir die Produkte aus den Händen reißen“, verrät sie rückblickend. Umso mehr überrascht es Ulrike Genz, dass sie inzwischen viele Fans in Städten wie Tokio, Paris oder Amsterdam gewinnen konnte und es auch deutschlandweit mehr und mehr Biergenießer zu schätzen wissen, dass sie der Hauptstadt ein Kulturgut zurückgibt.

Sauerbiere sind hierzulande für gewöhnliche Gaumen noch gewöhnungsbedürftig. So bietet Ulrike Genz im Schneeeule-Sortiment verschiedene Sorten an. Als Flaggschiff gilt „Marlene“, die mit sogenannten Brettanomyces-Hefestämmen gebraut ist, die teilweise aus rund 50 Jahre alten Weiße-Flaschen stammen. Davon gibt es außerdem eine Variante, die mindestens ein Jahr in der Flasche reift und dadurch noch komplexer, aber weniger sauer wird. Neben den traditionellen Versionen produziert Genz eine Weiße mit Jasminblüten, eine weitere mit jeder Menge Hopfen, eine andere mit frischem Ingwer und Habaneros sowie eine mit Ingwer, Zitronen-, Orangen- und Granatapfelzesten.

Zudem legt Ulrike Genz immer wieder limitierte Sondersude auf. Darunter etwa „Otto“, eine Weiße mit handgepflückten Holunderblüten vom Tegeler See. Hierbei setzt sie auf wilde Blütenhefen, die neben den Schneeeule-Organismen dem Bier ein säuerliches und fruchtiges Aroma schenken. „Jedes Bier ist ein echtes Unikat“, betont Genz stolz, „denn es lässt sich wegen der speziellen Hefen nicht rekonstruieren.“

Frisch gezapft oder aus der Flasche: Die verfügbaren Biere prangen bunt neben dem Tresen an Tafeln. Es gibt auch Sude von befreundeten Brauern.

Alle Biere von Schneeeule tragen Namen wie Marlene, Irmgard oder Kennedy und können in verschiedenen Jahrgängen genossen werden.

Die Schneeeule gilt als Logo der Berliner Braustätte.

RENAISSANCE EINES KULTURGUTS

Einst Nationalgetränk der heutigen Bundeshauptstadt, dann fast ausgestorben oder als gepanschte Variante an Touristen ausgeschenkt: Die Berliner Weiße zählt zu den spannendsten deutschen Bierstilen und erlebt durch die moderne Bierbewegung wieder einen Höhenflug. Aber wie ist sie entstanden, und wie wird sie eigentlich gemacht?

Die Berliner Weiße zählt zu den ältesten Bierstilen Deutschlands. Entstanden ist sie wohl im 18. Jahrhundert, als nach dem Dreißigjährigen Krieg die Bevölkerungsdichte in Berlin zurückging und Kurfürst Friedrich Wilhelm 1685 ein „Einladungs-Delikt" für hugenottische Glaubensflüchtlinge erließ, das ihnen erlaubte, ohne Auflagen in den Raum Berlin umzusiedeln. 1741 gründeten die aus Frankreich kommenden Einwanderer schließlich die erste Weißbierbrauerei. Wegen der besonderen Aromatik bezeichnete angeblich schon Napoleon den edlen Trunk als „Champagne du Nord", also den Champagner des Nordens.

Hergestellt wurde die Berliner Weiße im 18. Jahrhundert mit 50 Prozent geschrotetem Gersten- und 50 Prozent Weizenmalz – obwohl man heute nicht so genau weiß, ob es sich tatsächlich um Malz handelte. Fest steht indes: Bis dato gilt der Herstellungsprozess als hoch kompliziert. So wurde einst siedendes Wasser langsam in die Maische gebrüht, diese dann bis zu zwei Stunden ruhen gelassen und anschließend über Stroh geläutert. Die Würze musste gekocht und danach erneut mittels Stroh vom Hopfentreber getrennt werden. Durch die Läutervorgänge und die verwendeten Holzbottiche gelangten Milchsäurebakterien und wilde Hefen in die Würze. So kam es automatisch zu einer „wilden" Mischgärung. Allerdings veränderte sich dieser Prozess mit den Jahren.

Bis 1930 fand die Herstellung der Würze und die Angärung mit Hefen sowie Milchsäurebakterien in der Brauerei statt. Je nach Gärverlauf füllten die Brauer das Jungbier über Darmschläuche drucklos in Fässer, die von Bierverlegern abgeholt und bei ihnen fertig vergoren wurden. Auch das Blending sowie die Abfüllung in Flaschen war Sache der Verleger. Die Flaschengärung musste in Warmräumen durchgeführt werden. Um 1800 gab es in Berlin rund 700 Budiken, also Weißbierschenken. Wegen hohen CO_2-Gehaltes und kräftiger Schaumentwicklung wurde die Berliner Weiße, die ursprünglich als Schankbier galt, damals in großen zylindrischen oder wannenförmigen Gläsern mit viel Fassungsvolumen ausgeschenkt, die unter anderem den Namen Klauenglas trugen.

Irgendwann starb die Berliner Weiße wegen zunehmender Beliebtheit der Lagerbiere fast aus und wurde später meist an Berliner Touristen als eher zuckersüße Variante, gepanscht mit Himbeer- oder Waldmeistersirup, ausgeschenkt. Erst durch die internationale Craftbier-Bewegung erlebt sie eine Renaissance. Heute sind die Möglichkeiten der Herstellung vielfältig, es gibt zahlreiche Versionen auch nur nach Berliner-Weiße-Art. Charakteristisch für eine original Berliner Weiße ist jedenfalls eine sehr helle strohgelbe Farbe, ein spritziger, schlanker Körper und eine deutliche Säure.

GIESINGER
BRÄU
Aus Giesing. Logisch.

GIESINGER BRÄU

BRAUTEMPEL „FROM HELL“

Mit frischen Ideen, Crowdfunding-Aktionen und einer breiten Bierauswahl schreibt Steffen Marx mit seinem Giesinger Bräu in München eine einzigartige Erfolgsgeschichte. Sein Ziel ist ein Zelt auf dem Oktoberfest, neben den sechs etablierten Großbrauereien.

Condecta

GIESINGER

KRONES iPanel CD

Alle Kessel, Tanks und Gerätschaften sind im Giesinger Bräu im Werk 2 blitzblank.

D

Dass ein Bier aus München nicht gleich ein Münchner Bier ist, wissen wahrscheinlich nur Insider. Einer, der sich in den vergangenen Jahren wohl am meisten mit diesem Thema befasst hat, ist Steffen Marx, Gründer und Chef vom Giesinger Bräu. Seit mehr als 17 Jahren braut der heute 45-jährige Entrepreneur, der bis zum Alter von 18 angeblich keinen Alkohol konsumierte, in der bayerischen Landeshauptstadt ambitionierte Bierspezialitäten, vergrößerte dabei stetig seine Produktion und startete mehrere Gastronomieprojekte. Zudem verantwortet Marx die erste Brauereigründung in München seit Jahrzehnten und gilt damit auch deutschlandweit als Craftbier-Pionier. „Wir waren die Ersten der Stadt", betont er stolz, „die Biere hopfengestopft und in Champagnerflaschen abgefüllt haben."

Engagierter geht's kaum. Dennoch blieb seinem Betrieb, den er 2006 in einer Garage im Stadtteil Untergiesing gründete, die Anerkennung als echte Münchner Braustätte lange verwehrt. Fünf Jahre danach erwarb Steffen Marx, der einst sein Brauwesen-Studium abbrach, seinen ersten Standort gegenüber der Heilig-Kreuz-Kirche, die heute noch das Markenlogo schmückt. Rund fünf Millionen Euro steckte der eigentlich aus Mecklenburg-Vorpommern stammende Pfundskerl in den Umbau. 10 Prozent davon stammen aus einer erfolgreichen Crowdfunding-Aktion, an der sich in kürzester Zeit mehr als 1000 Leute beteiligten. Dafür bekommen sie jährliche Ausschüttungen, die in der Giesinger Wirtschaft verzehrt werden können. „Es ist der Wahnsinn", gesteht der Wahlmünchner voller Demut, „ich hätte niemals gedacht, dass wir in so kurzer Zeit so weit kommen würden."

Und es wäre nicht der Giesinger Bräu, wenn sich nicht permanent etwas verändern würde. Durch die Realisierung von Werk 2, einem zweiten Standort im Münchner Stadtteil Milbertshofen, das nach 18-monatiger Bauzeit im Juni 2020 seine Eröffnung feierte, hat sich für Steffen Marx vieles gewandelt: Der Bierausstoß hat sich erhöht, das Team hat sich erweitert, und es gibt neben der „Erhellung" eine neue Volumensorte. Zudem ist die Braustätte nach dem Augustiner Bräu nun die zweitgrößte Privatbrauerei in der Biermetropole. Für die Verwirklichung des neuen Braustandortes musste Marx, dessen Unterarm ein tätowierter Maibaum mit Hopfendolden und Ähren ziert, rund 20 Millionen Euro aufbringen. Der wohl wichtigste Teil der Investition: ein hauseigener Brunnen mit mehr als 150 Meter Tiefe und Wasser, das nach wissenschaftlichen Untersuchungen rund 12.000 Jahre alt sein soll. Damit erfüllt Marx endlich alle Kriterien, damit sich die Giesinger-Bräu-Sude als „Münchner Bier" betiteln können. Rein theoretisch darf er sein Bier nun auf dem Oktoberfest ausschenken.

Auf dem Weg zum original „Münchner Bier" hat sich der Giesinger Bräu in rasendem Tempo weiterentwickelt, auch bei den Suden. Neben Weißbier, Pils und Dunklem gibt es saisonale Spezialitäten sowie ein kräftiges Altbier und ein fruchtiges Tripel im Sortiment. Am neuen Standort launcht die Braumannschaft mittlerweile ein „Münchner Helles", das nun – dem eigenen Wasser sei Dank – das EU-Siegel der geografisch geschützten Angabe „Münchner Bier" trägt. Bis zum perfekten Rezept hat es lange gedauert: „Zwei Jahre haben wir daran getüftelt", erzählt der Chef, der in seiner Brauerei am liebsten Gummistiefel trägt. Sein Ziel war es, dass es in einer Blindverkostung mit den anderen „Münchner Hellen" klar erkennbar sein soll. So zeigt sich das goldfarbene Endergebnis mit eigener Charakteristik, mit sanfter Hopfigkeit und hoher Trinkfreude. „Wir haben jetzt ein sehr süffiges, original ‚Münchner Bier', mit dem wir auf Augenhöhe mit den anderen sechs Stadtbrauereien stehen", untermauert Bernhard Pillep, Mitgründer und Gesellschafter vom Giesinger Bräu.

All das ist erst möglich geworden durch verschiedene Crowdfunding-Aktionen der Giesinger und ihrer damit verbundenen Fan-Base. Auch zum Hellen gab es eine Kampagne mit dem kämpferischen Namen „Rendite from Hell". Wegen der starken Nachfrage musste

Die Gärtanks beim Giesinger Bräu wurden von verschiedenen Künstlern verziert.

Den Biertruck kann man für Festivitäten mit Zapfanlage und frischem Bier mieten.

erneut ausgebaut werden. Wie bei den bisherigen Crowdfunding-Projekten konnten Investoren Genussscheine kaufen, die in Form von Verzehrcoupons ausgeschüttet werden. Und wieder war die Nachfrage höher als das Angebot. Das Ziel von zwei Millionen Euro wurde sogar um 500.000 Euro überschritten.

Kaum wurden die Kapazitäten erweitert, steht bereits die nächste für eine Münchner Brauerei typische Herausforderung an: ein Bierzelt auf dem Oktoberfest. Bis es allerdings so weit ist, möchte Steffen Marx zunächst mal Festzelterfahrung sammeln und Routine auf diversen Stadtfesten gewinnen. „Bevor wir uns an das Oktoberfest-Abenteuer wagen", sagt der Brauereichef ein wenig ehrfürchtig, „müssen wir erst prüfen, was da alles auf uns zukommt." Er gibt zu, dass er sich ein Zelt für 2000 Besucher, das dreimal am Tag bespielt wird, derzeit noch nicht zutraut. „Vielleicht aber in vier bis fünf Jahren", schmunzelt Marx, dem schon die nächsten Ideen im Kopf rumschwirren.

Eine vollautomatische Etikettieranlage beklebt Tausende Flaschen pro Stunde.

Giesinger Bräu legt Wert auf Regionalität. So stammt etwa das Malz aus einer Mälzerei, die gerade mal 50 Kilometer entfernt ist.

Zwickeln gilt als Highlight jeder Brauereiführung. Dafür dürfen Besucher das Bier ganz frisch aus dem Lagertank probieren.

Think global.
Drink local.

»SUMMER ALE«

Das leichte Ale zeigt sich in einer naturtrüben, goldgelben Farbe und mit einem schneeweißen Schaum. Im Aroma dominieren sanft fruchtige, zitrusartige Noten.

STAMMDATEN

AUSSCHLAGVOLUMEN	STAMMWÜRZE	ALKOHOL	IBU
20 l	9,5 °P	3,6 %	18

SCHÜTTUNG

PILSNER MALZ	MÜNCHNER MALZ	CARARED	SAUERMALZ
2800 g	500 g	400 g	200 g

MAISCHPROGRAMM

EINMAISCHEN MIT 18 L WASSER BEI 65 °C
65 °C — 30 MINUTEN RAST
72 °C — 30 MINUTEN RAST
NACH JODPROBE ABMAISCHEN BEI 78 °C

LÄUTERN

CA. 18 L NACHGUSS
(78 °C WARMES WASSER)

KOCHEN

KOCHVOLUMEN 20 L
KOCHZEIT 60 MINUTEN

HOPFEN	ZUGABE
7 g SAPHIR	BEGINN KOCHEN
7 g LEMONDROP	KOCHMITTE
20 g HÜLL MELON	WHIRLPOOL

GÄRUNG

BRITISCHE ALE-HEFE BEI 18–21,5 °C

PFEFFERLECHNER

KREATIVE GESCHWISTER

Mitten in einer Südtiroler Weinregion schaffen es Maria-Elisabeth Laimer und ihr Bruder Max, ganz besondere Biere zu etablieren. In ihrem Buschenschank mit eigener Hausbrauerei namens Pfefferlechner experimentieren die Geschwister mit lokalen und natürlichen Zutaten. Ihre alkoholfreien Sorten sorgen auch außerhalb der Dolomiten für Furore.

Im Buschenschank Pfefferlechner wird möglichst alles selbstgemacht. Hier röstet Martin Laimer gerade Kastanien.

B

Bekannt ist Südtirol eigentlich für hervorragende Weine. Doch im Eschtal, im südlichen Winkel des Meraner Talkessels am Eingang des Ultentals gelegen, gelangen jetzt auch Biere zur Berühmtheit. Dort, in der Marktgemeinde Lana befindet sich der Buschenschank Pfefferlechner mit eigener Hausbrauerei. Den ehemaligen Weinhof, der seit 1279 schon seinen Namen trägt, formierte die Familie Laimer einst zu einem Obsthof um und baute bereits 2005 eine Brauerei hinein. Inzwischen ist das Anwesen ein Hotspot für Craftbier-Fans aus der ganzen Welt. „Da meine Eltern den Buschenschank betreiben, ist es für uns seit jeher üblich, alles, was wir unseren Gästen anbieten, möglichst selbst zu produzieren", erklärt Maria-Elisabeth Laimer. Mit ihrer Brauwerkstatt gehöre die Familie zu den ersten Produzenten der Region, die sich mit kreativen und handgemachten Bieren beschäftigten.

Der urgemütliche Buschenschank mit Blick auf den Stall ist nunmehr ein beliebter Einkehrort für Einheimische und Touristen, die auch mal Lust auf gutes Bier verspüren. Maria-Elisabeth und ihr Bruder Max Laimer sind hier aufgewachsen und mit dem Thema Bier quasi groß geworden. Zu zünftigen Speisen werden heute in dem Familienbetrieb neben Hellem und Schwarzbier vor allem sehr kreative Sorten angeboten. Zuständig für die Biere ist Max Laimer, der gemeinsam mit einem engagierten Braumeister etwa ein Saisonbier kreiert, das mit Champagnerhefe vergoren ist und anschließend auf Kirschen aus eigenem Anbau lagert. Zudem gibt es ein Pale Ale, das er mit 100 Prozent Malz aus Südtirol braut, sowie ein bernsteinfarbenes Bier mit dunklen Malzsorten und Kastanienmehl. Als herausragendes Highlight gilt ein würziges Spezialbier, das mit Malz gebraut ist, das über Buchenholz gedarrt wird und zur Vollendung noch drei Monate im Eichenholzfass reift. „Unser Ziel ist es, für unsere Gäste innovative Biererlebnisse zu schaffen", bekräftigt Max Laimer.

Besonders stolz sind die Laimers auf ihre alkoholfreien Spezialitäten, die den Bekanntheitsgrad von Pfefferlechner über die Dolomiten hinaus pushten. Mit der Marke Freedl erkämpfte sich das Geschwisterpaar das Image, als erste Craftbier-Brauerei Italiens auch „bleifreie" Sorten im Angebot zu führen. Entstanden sind diese Sude in Zusammenarbeit mit deutschen Braumeistern und italienischen Experten, mit denen die Laimers ihren Brauprozess optimierten. Ideengeberin Maria-Elisabeth ist stolz darauf, dass sie für ihre Freedl-Biere das „Qualitätszeichen Südtirol" verwenden darf und im Frühjahr 2022 bereits eine der höchsten Auszeichnungen beim International Craft Beer Award abräumen konnte. „Es ist schön zu sehen, wie man gegen alle Strömungen eine eigene Biermarke aufbauen kann", freut sich die Italienerin, die selbst am liebsten alkoholfreie Biere genießt.

In den Pfefferlechner-Sudkessel kommen natürlich nur regionale Rohstoffe. Bei der ersten alkoholfreien Sorte handelt es sich um ein Pale Ale mit erfrischenden Zitrusnoten, erzielt durch ausgewählte Hopfensorten. Bei der Produktion schwören die Südtiroler auf ihr alpines Wasser, das durch die Kalkalpen gefiltert ist, sowie auf eine spezielle Technik,

Im Schatten der glänzenden Braukessel zapft der Chef sogar noch selbst.

Ein gemütlicher Biergarten lädt in den Sommermonaten zum Verweilen ein.

Max Laimer ist verantwortlich für die Brauerei. Mit den Braumeistern kümmert er sich um die Biere.

Maria-Elisabeth Laimer hob die Marke „Freedl" aus der Taufe. Die alkoholfreien Kreativbiere sind die ersten aus Südtirol.

mit der die Entstehung von Alkohol im Zuge des Brauprozesses verhindert wird. „So konnten wir ein Bier mit ganz individuellem Geschmack kreieren", freut sich Maria-Elisabeth Laimer, die sich überwiegend um Marketing und Vertrieb kümmert.

Aus ihrer Marktkenntnis heraus weiß sie, dass alkoholfreie Biere sich mehr und mehr zu spannenden Erfrischungs- und Lifestylegetränken entwickeln. So schufen die Südtiroler Geschwister auch eine sehr individuelle und ungewöhnliche Version eines alkoholfreien Bieres: Ihre Sorte „Calma" ist vom Typus her eigentlich ein Pale Ale, aber zusätzlich mit Bergbasilikum gebraut, das von einem Kräuter-Start-up stammt und auf über 1500 Metern im italienischen Nationalpark Stilfser Joch wächst. Die Freedl-Gründerin setzt bei diesem Bier auf „Functional Brewings", was bedeutet: Der fehlende Geschmacksträger Alkohol wird durch andere natürliche Zutaten kompensiert. „Bei unseren Bieren versuchen wir stets, Natürlichkeit und Lokalität mit einem unkonventionellen Twist zu vereinen", konstatiert Maria-Elisabeth Laimer.

Über die vergangenen 15 Jahre hat sich das Pfefferlechner-Team ständig weiter professionalisiert, und die Manufaktur ist dabei Schritt für Schritt gewachsen. Den Machern ist bewusst, dass vor allem eine Hausbrauerei vor immer neuen Herausforderungen hinsichtlich Infrastruktur und Produktion steht, um die wachsende Nachfrage bei einer gesunden Geschäftsentwicklung zu optimieren. „Am Ende ist es aber wichtig, dass wir Spaß an der Sache haben und uns als Familie mit der Weiterentwicklung des Unternehmens identifizieren können", untermauert Maria-Elisabeth Laimer.

Die Südtiroler Hausbrauerei ist klein, aber fein. Gäste können die glitzernden Kessel vom Biergarten oder vom Tresen aus begutachten.

Getrocknete Hopfenreben hängen als Zierde im Buschenschank.

Frischer geht's kaum: Das Bier kommt direkt aus den Tanks zum Zapfhahn.

PFEFFER HELL

Das naturtrübe Helle zeigt sich goldgelb und mit einem weißen Schaum. Im Aroma präsentiert es malzige und würzige Noten.

STAMMDATEN

AUSSCHLAGVOLUMEN	STAMMWÜRZE	ALKOHOL	IBU
20 l	12,5 °P	5,0 %	25

SCHÜTTUNG

PILSNER MALZ	MÜNCHNER MALZ
3000 g	1000 g

MAISCHPROGRAMM

EINMAISCHEN MIT 25 L WASSER BEI 52 °C
52 °C — 5 MINUTEN RAST
62 °C — 15 MINUTEN RAST
65 °C — 10 MINUTEN RAST
72 °C — BIS JODPROBE
NACH JODPROBE ABMAISCHEN BEI 78 °C

LÄUTERN

NACHGUSS 10 L

KOCHEN

KOCHZEIT 60 MINUTEN

HOPFEN	ZUGABE
15 g PERLE	10 MINUTEN NACH KOCHBEGINN
20 g HALLERTAUER TRADITION	50 MINUTEN NACH KOCHBEGINN

GÄRUNG

LAGERHEFE BEI 8–10 °C

BRŁO

BRŁO

BIERTEMPEL IM CONTAINER

Beim Bau seiner Berliner Brauerei BRŁO setzte das Gründerteam auf ein ganz besonderes Konzept: Das Gebäude besteht aus 38 gebrauchten Überseecontainern – flexibel genug, um jederzeit den Standort zu wechseln. Mit Kreativität und Innovationskraft schafften es die Jungunternehmer, zu einer der führenden Biermarken in der Hauptstadt aufzusteigen.

Klappe auf: Braumeister und BRLO-Chef Michael Lembke kümmert sich um die Malzvorlage.

Einer der Brauer wirft einen Blick in den Sudkessel.

Flaschen auf dem Weg zur Reinigung und Abfüllung.

Initiatorin für die Brauerei, dessen Namen kaum jemand aussprechen kann, ist eigentlich Katharina Kurz. Die promovierte Wirtschaftswissenschaftlerin probierte sich bei einem Australienurlaub durch scheinbar endlose Bierregale. Bei ihrer Rückkehr nach Berlin traf sich die gebürtige Fränkin mit ihrem Studienkumpel Christian Laase und entwickelte mit ihm – „angefixt“ von der Biervielfalt in Down Under – die Idee zur eigenen Biermarke. Bei der Realisierung gab es jedoch ein Problem: Sie hatten niemanden im Team, der sich mit Bierbrauen auskannte.
Zu ihrem Glück steht in der Bundeshauptstadt die Versuchs- und Lehranstalt für Brauerei (VLB), die neben der Bier-Uni im bayerischen Weihenstephan als Starschmiede für Brauer gilt. Dort fanden sie Michael Lembke, der damals schon mehr als zehn Jahre Brauerfahrung auf dem Buckel hatte. Ihn reizte der Kreativjob, und er schloss sich dem Gründungsteam an. Micha, wie ihn Freunde und Fans nennen, versuchte sich ab 2014 an ersten Suden wie Helles, Pale Ale und Baltic Porter, die er vorerst in fremden Sudkesseln produzierte. „Wir hatten jede Menge Ideen, aber es fehlte noch die eigene Brauerei“, erinnert sich Lembke.

Es war 2016, als die drei Berliner endlich einen Standort für ihre Braustätte fanden: direkt am Gleisdreieck, in der Schöneberger Straße 16, wo sich zwei zentrale U-Bahn-Linien kreuzen. „Ein echtes Filetstück“, schwärmt Katharina Kurz noch heute. Eigentlich sollte auf dem Grundstück innerhalb von fünf Jahren etwas ganz anderes entstehen, und die Jungunternehmer verstanden sich zunächst nur als Zwischenmieter. Um möglicherweise nach geraumer Zeit wieder alles abbauen zu können, verfolgten die BRLO-Gründer ein völlig neues Baukonzept. Ergebnis: Brauerei und Gastronomie bestehen heute aus 38 großen Überseecontainern, die aus dem Hamburger Hafen stammen und zuvor auf den Weltmeeren schipperten. Das hippe Konstrukt mit Brwhouse und angeschlossenem Biergarten, über den sich im Sommer Hopfenranken schlängeln, steht bis dato am Gleisdreieck mitten in Berlin.

Mit der Gastronomie gewann das Gründertrio außerdem Ben Pommer dazu, der sowohl Erfahrung in der Sterne- als auch der Streetfood-Küche mitbrachte. So gilt BRLO nicht nur als Berliner Biertempel, sondern ebenso als Foodie-Hotspot mit preisgekröntem Gastronomiekonzept und einer Empfehlung im „Gault&Millau“. Um das alles zu realisieren, plünderte das Quartett die eigenen Konten, nahm zusätzlich Kredite auf, beantragte Fördermittel und bekam Geld von Investoren. Anfangs konnte kaum jemand etwas mit dem unaussprechlichen BRLO („Berlo“ ausgesprochen) anfangen. Allein Historiker konnten ahnen, dass der Markenname an das altslawische Wort für Berlin angelehnt ist. „Wir haben in Workshops und mit Freunden lange darüber diskutiert, was ein guter Name für Craftbier aus der Hauptstadt sein kann“, sagt Braumeister Lembke amüsiert, „dabei war BRLO nie unser Favorit, sondern eher Liebe auf den zweiten Blick.“

Der erste Ausschank fand 2016 auf der Baustelle zur Fußball-Europameisterschaft statt. Erst danach konnten die Jungunternehmer im Januar 2017 die Eröffnung ihres Brwhouse feiern. Seitdem fließen dort 20 Biere frisch vom Hahn. Neben den eigenen Suden mit individuellem BRLO-Kick, wie Helles, India Pale Ale, Berliner Weiße und Pils, gibt es einige alkoholfreie Sorten. Zudem können Gäste auch spektakuläre Gastbiere von Brauern aus aller Welt probieren. Für Micha Lembke wurde daraus eine Obsession. Er testet ständig neue Rohstoffe, produziert Biere zusammen mit Rappern, braut mit altem Brot oder mit frischen Erdbeeren, die er von regionalen Bauern bezieht. „Das ist alles so spannend, ich kann mir heute nichts anderes vorstellen, außer Bier zu machen“, resümiert der Berliner, der schon in ganz jungen Jahren bei einem Brauereipraktikum seine Leidenschaft entdeckte.

Das BRLO-Team, inzwischen ohne Gründer Laase, versteht sich als Berliner Lifestyle-Marke und nicht als Nerd-Label, wie manche Leute meinen. So setzten sie von Anfang an auf hochwertiges Produktdesign und professionelle Kommunikationsarbeit. Das erregte Aufmerksamkeit und ließ die Marke anfangs größer wirken, als sie tatsächlich war. Das hat sich schnell geändert: Nachdem die kleine Brauerei am Gleisdreieck aus allen Nähten platzte, konnten die Nachwuchsbrauer bereits 2019 das Craft Zentrum in Berlin-Spandau übernehmen. Dabei handelt es sich um einen Brau- und Abfüllbetrieb, in dem sie inzwischen die meisten ihrer Biere produzieren. Er verfügt über eine Produktionskapazität von rund 25.000 Hektolitern inklusive Flaschen-, Dosen- und Fassabfüllung. Zudem unterstützt BRLO hier Gypsy-Brauer, indem ihnen die Möglichkeit geboten wird, Braukessel und Lagerkapazitäten anzumieten. Ein zentrales Thema für die Berliner Brauerei ist aber neben Qualität und Kreativität ihrer Sude auch die Nachhaltigkeit. So ist der Slogan „Save the World – it’s the only one with Beer“, der plakativ die Innenräume der Location schmückt, für BRLO nicht nur eine hippe Parole. „Ökologische Aspekte liegen uns, bei all dem, was wir hier tun, wirklich sehr am Herzen“, betont Braumeister Lembke.

LEGIPACK
EPAL

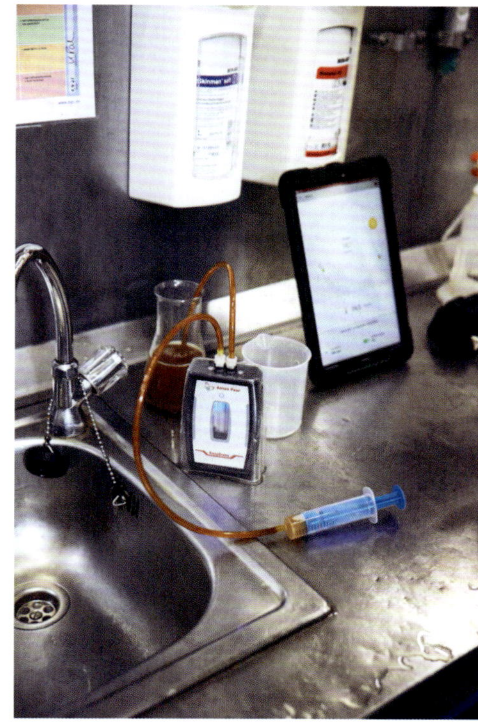

Analysen der Biere sind ausschlaggebend für hohe Qualität.

Fassware ist bereit zur Abholung.

Braumeister Michael Lembke kontrolliert die Bierqualität.

»BRŁO PORTER«

Das Porter zeigt sich dunkelbraun und mit einem cremefarbenen Schaum. Im Aroma präsentiert es Noten von Schokolade, Karamell und Nuss.

STAMMDATEN

AUSSCHLAGVOLUMEN	STAMMWÜRZE	ALKOHOL	IBU
21 l	17,9 °P	7,0 %l	24,5

SCHÜTTUNG

PILSNER MALZ	KARA DUNKEL MÜNCHEN	SAUERMALZ	WEYERMANN CARAF SP. II	STEINBACH RAUCH
3500 g	1500 g	200 g	200 g	100 g

MAISCHPROGRAMM

EINMAISCHEN MIT 12 L WASSER BEI 50 °C
64 °C — 40 MINUTEN RAST
72 °C — 35 MINUTEN RAST
NACH JODPROBE ABMAISCHEN BEI 78 °C

LÄUTERN

CA. 13 L NACHGUSS
(78 °C WARMES WASSER)

KOCHEN

KOCHVOLUMEN 21 L
KOCHZEIT 60 MINUTEN

HOPFEN

9 G HERKULES
12 G TETTNANGER

ZUGABE

BEGINN KOCHEN
WHIRLPOOL

GÄRUNG

LAGERHEFE BEI 12 °C

Frisch ein-
geschenktes
Porter im
speziellen
BRLO-Glas.

Michael Lembke verkostet mit seinem Team die frische Ware.

Frisch gefüllte Fässer gehen vom Band, um anschließend in die Gastronomie zu gelangen.

Kistenparade: Die Kästen warten darauf, bestückt zu werden.

WEIHENSTEPHAN

OLDIE UND GOLDIE

Die Bayerische Staatsbrauerei Weihenstephan, einst gegründet von Benediktinermönchen, gilt mit ihrer rund 1000-jährigen Geschichte als älteste Braustätte der Welt. Hinter den ehrwürdigen Mauern wirkt heute nicht nur hochmodernste Brautechnik, sondern auch ein junges Team mit vielen neuen Ideen.

In der ältesten Brauerei der Welt setzt das Team auf neueste Sudhaustechnik.

W

Dr. Josef Schrädler führt die Geschäfte der Staatsbrauerei seit mehr als zwanzig Jahren.

Wer den heiligen Berg von Weihenstephan erklimmt, der betritt ein historisches Terrain, das umrankt ist von Legenden und Geschichten über Krieg, Plünderung, Zerstörung und wunderbare Suden, die maßgeblich den Ruf des bayerischen Bieres begründeten. Seitdem hier oberhalb von Freising, rund 40 Kilometer nordwestlich von München, einst durstige Benediktinermönche begannen, in ihren Sudkesseln zu rühren, hat sich einiges im Weihenstephaner Brautempel getan. „Unser Erfolgsrezept ist das Spannungsfeld zwischen althergebrachtem Wissen des Bierbrauens", betont Brauereidirektor Dr. Josef Schrädler im heimischen Dialekt, „in Kombination mit moderner Wissenschaft."

So gilt die Bayerische Staatsbrauerei Weihenstephan mit ihrer erstmals urkundlichen Erwähnung von 1040, als Ordensbrüder das offizielle Brau- und Schankrecht erwarben, nicht nur als älteste Braustätte der Welt. Durch die Zusammenarbeit mit der Technischen Universität für Brauwesen und Getränketechnologie, die sich gleich nebenan befindet, zählt sie auch zu einer der innovativsten Bierproduktionen überhaupt. Bis die Brauerei sich mit diesem Status rühmen durfte, erlebten die wahrhaftigen Gründer turbulente Zeiten mit beispiellosen Schicksalsschlägen.

Als die Weihenstephaner Mönche im Jahre 725 unter Leitung des heiligen Korbinian das Benediktinerkloster gründeten und für den Eigenbedarf die ersten Biere brauten, folgte 955 die komplette Zerstörung der Braustätte durch die Ungarn. Nach dem Wiederaufbau plünderten und verwüsteten im Dreißigjährigen Krieg zunächst Schweden, dann Franzosen und später im Spanischen Erbfolgekrieg die Österreicher das Weihenstephaner Heiligtum. Zwischen 1085 und 1463 brannte das Kloster dann auch noch viermal vollständig nieder und wurde durch drei Pestepidemien, Hungersnöte sowie ein starkes Erdbeben lahmgelegt. „Offensichtlich hatten die Mönche damals großen Durst", sagt Matthias Ebner schmunzelnd, der als internationaler Markenbotschafter der Brauerei fungiert, „sonst hätten sie die Braustätte nicht immer wieder aufgebaut."

Erst 1803, während der Säkularisation, wurde die Klosterbrauerei aufgelöst, und alle Rechte gingen an den bayerischen Staat über. Ihren heutigen Namen trägt die Staatsbrauerei seit 1921. Dass die Braustätte heute über modernste Technik verfügt, ist größtenteils dem umtriebigen Brauereidirektor Dr. Josef Schrädler zu verdanken. Der 60-jährige Betriebswirtschaftler, der außerdem als geschätzter Professor an der Bieruniversität lehrt, führt das Unternehmen seit gut 20 Jahren und schreckt vor keiner Modernisierung zurück: „Wenn die Qualität unserer Biere in irgendeiner Weise noch besser werden kann, dann setzen wir das sofort um."

Das Engagement der Freisinger Brauer wird sichtlich auch belohnt. Im Sortiment finden Bierliebhaber heute insgesamt 16 Sorten, die mit unzähligen nationalen und internationalen Medaillen geehrt wurden. Als Flaggschiffe der Staatsbrauerei gelten ein bananiges Hefeweißbier sowie zwei Helle, das eine zeichnet sich durch eine gewisse Malzigkeit und einen würzigen Hopfen-Touch aus und das andere durch einen etwas milderen und sehr süffigen Charakter. Für Starkbier-Fans gibt es den dunklen Doppelbock namens „Korbinian", eine Hommage an den Klostergründer, sowie den mehrfach prämierten Weizenbock „Vitus" mit 7,7 Prozent Alkohol, der mit wuchtigen Noten von Banane und getrockneter Aprikose daherkommt.

Alle Biere aus der Core-Range – die am besten im angeschlossenen Bräustüberl schmecken, wo übrigens der bayerische Obazde seinen Ursprung hat – stellt das Kollektiv um Braumeister Tobias Zollo nach dem Reinheitsgebot und mit überwiegend regionalen Rohstoffen her. Was jedoch wohl die wenigsten wissen: Die engagierten Weihenstephaner setzen auch auf Kollaborationen mit internationalen Kreativbrauereien. Damit heben sich Erstere von den meisten Traditionsbraustätten hierzulande ab. So entstand beispielsweise schon ein Champagnerbier, das gemeinsam mit dem berühmten Sudzauberern von Samuel Adams aus Boston angesetzt und mit französischer Sekthefe

In der Brauerei ist alles blitzblank, so kann es bei der Tankreinigung schon auch mal aus allen Rillen spritzen.

Anstatt eines Zwickelhahns gibt's hier gleich einen Zapfhahn im Lagerkeller.

Die Brauerei besitzt ein eigenes Museum, wo etwa alte Flaschen stehen.

vergoren wurde. Zudem brauten die Bayern mit den kalifornischen Craftbier-Pionieren von Sierra Nevada ein Weißbier mit amerikanischen Hopfensorten und jüngst außerdem ganz ungewöhnliche Sude mit Topbrauern aus Estland und Norwegen.

Brauereichef Schrädler schätzt die frischen Ideen und den Ehrgeiz seiner Mannschaft. Dass sich aber hier niemand auf den Lorbeeren ausruhen darf, gilt auf dem heiligen Berg als ungeschriebenes Gesetz. Auch wenn sich die Weihenstephaner nach wie vor als älteste Braustätte der Welt präsentieren, ist sich Vordenker Schrädler bewusst, dass der Traditionsgedanke allein nicht mehr reicht: „Es gehört zwar zum Zeitgeist, dass sich Biergenießer gern auf alte Werte besinnen und dabei regionale Produkte mit individuellem Charakter bevorzugen, doch man sollte dabei nicht vergessen, dass hinter einer alten Brautradition meist viel Erfahrung und hohe Qualität stehen."

Für besondere Gäste füllt der Braumeister das Verkostungsglas schon auch mal randvoll.

Hopfen gilt als einer der wichtigsten Rohstoffe im Bier und dekoriert somit in getrockneter Form auch die Brauerei.

Als Braumeisterin ist Sina Fürlauf zuständig für die Qualitätssicherung.

Im Brauereimuseum findet man ein paar Hopfen- und Malzproben zum Anschauen.

ECHTES SCHMANKERL

Der Obazde gehört zur bayerischen Wirtshauskultur wie das süffige Bier und die Kastanienbäume im Biergarten. Er gilt als Altbekannter im bajuwarischen Genießertum und lässt sich hervorragend zu Gersten- und Weizensaft kombinieren. Seinen Ursprung hat die Käsespezialität im Weihenstephaner Bräustüberl, das direkt neben der Brauerei am heiligen Berg liegt. Erfunden hat den Obazden, der inzwischen ein Produkt mit geschützter geografischer Angabe ist und deshalb strengen Vorschriften unterliegt, die Wirtin Katharina Eisenreich in den 1920er-Jahren.

Zutaten:

500 g
BRIE

35 g
BUTTER

75 g
FRISCHKÄSE

60 g
ZWIEBELN

5 cl
WEIHENSTEPHANER WEISSBIER

7,5 g
PAPRIKAGEWÜRZ

1 Prise
SALZ

1 Prise
PFEFFER

1 Prise
GEMAHLENER KÜMMEL

ALS GARNITUR:
rote Zwiebeln, Schnittlauch, Salzstangen, Salatbouquet

ZUBEREITUNG:
Den Brie zu einer homogenen Masse verarbeiten. Butter, Frischkäse, geschälte und klein gehackte Zwiebeln, Bier und Paprikagewürz zugeben. Die Mischung mit Salz, Pfeffer und Kümmel abschmecken. Zuletzt rote Zwiebelringe und gehackten Schnittlauch darauflegen, ein paar Salzstangen in die Masse stecken und mit ein paar Salatblättern garnieren.

FRAUGRUBER CRAFTBREWING

ROHSTOFF-BUNKER À LA FORT KNOX

Enzo Frauenschuh und Matthias Gruber gehören mit ihrer Brauerei FrauGruber Brewing zu den Topstars der internationalen Craftbier-Szene. Pro Jahr bringen die Augsburger 80 bis 120 neue Biere auf den Markt – überwiegend saftige Hopfenbomben, für die sich Kreativbier-Fans rund um den Globus begeistern.

Irgendwo im Nirgendwo in Gundelfingen an der Donau, in der Nähe von Günzburg und Donauwörth, befindet sich eine der bekanntesten Craftbier-Brauereien der Welt. Dort, in einer versteckt gelegenen alten Weberei an der Brenz, ist das Imperium von Enzo Frauenschuh und Matthias Gruber. Wer den schmalen Weg zur Brauerei entlangfährt, kann den Hopfenduft, der aus dem Sudkessel von FrauGruber Brewing schwirrt, schon von Weitem erahnen. „Vor ein paar Jahren hätten wir niemals gedacht, dass wir einmal so erfolgreich werden", wundert sich Enzo Frauenschuh.

Denn bevor die Macher von FrauGruber ihre eigene Wirkungsstätte bezogen, gingen sie gänzlich andere Wege. Frauenschuh mäanderte durchs Leben und wusste lange nicht, was er machen sollte. Schreiner oder Osteopath standen mal im Raum. Aber dann entschloss er sich zu einem Praktikum in einer Brauerei, holte sein Abitur mit 24 Jahren nach und ging nach Weihenstephan an die weltbekannte Bier-Universität, um Brauwesen zu studieren. Sein heutiger Kompagnon Matthias Gruber kommt aus dem Maschinenbau und war oft auf Montage im Ausland unterwegs, wo er schon erste Craftbiere genoss, die es in der Heimat zu der Zeit noch nicht gab.

So beschlossen die beiden Bierenthusiasten, die sich seit der Jugend vom Skateplatz kennen, ein paar Kreativbiere zu importieren. Sie gründeten ihre erste Firma Liquid Hops, bereits damals mit dem Ziel, irgendwann auch mal eigenes Bier zu brauen. „Das war genau der richtige Weg", sagt Frauenschuh heute, „viele der jungen Brauerkollegen klagten über Vertriebsprobleme, aber wir haben erst Absatzkanäle aufgebaut und dann unser Bier nachgeschoben."

Nach dem Uni-Abschluss heuerte der Nachwuchsbrauer zunächst bei der Brauerei Riegele in Augsburg an, die sich schon damals eines guten Rufs bei Spezialitätenbieren erfreute. „Hier habe ich richtig viel gelernt, vor allem über die Rohstoffe beim Bier", betont Frauenschuh. Danach leitete er die Camba Old Factory in Gundelfingen, rund 60 Kilometer von seiner Heimatstadt entfernt, wo er Sondersude der Brauerei Camba Bavaria kontrollierte und außerdem Gypsy-Brauer betreute, die ihre Biere dort realisieren konnten. Auf dieser Brauanlage produzierte er auch die ersten Sorten für seine Marke, die er im Winter 2016 mit Matthias Gruber gründete. Der Name FrauGruber setzt sich aus den beiden Nachnamen zusammen.

Schnell wurde den zwei Augsburgern klar, dass sich all die Ideen, Experimente und Weiterentwicklungen ohne eigene Brauerei nur schwer realisieren lassen. So übernahmen sie im Januar 2020 das Areal in Gundelfingen mit Sudhaus und Dosenabfüllung. „Wir hatten uns zunächst mal bloß auf den deutschen Markt konzentriert und im ersten Halbjahr lief alles super", sagt Braumeister Frauenschuh, „doch dann mussten wir ein riesiges Problem bei der Abfüllung bewältigen." Ware im Wert von 60.000 Euro konnte nicht verkauft werden.

Aber schon bald rappelten sich die Bayern wieder auf und schafften es innerhalb von nur drei Jahren, ihre Biere in mehr als 20 Länder zu exportieren. Damit begann der Run auf die Frau-Gruber-Biere. Auch wenn die Sorten inzwischen rund um den Globus gehandelt werden, legt das Team viel Wert auf Regionalität. So lässt es seine eigene Braugerste der Sorte Steffi und Marthe von befreundeten Landwirten anbauen und im Anschluss durch eine nahe gelegene Mälzerei verarbeiten. Geplant ist künftig außerdem ein eigener Weizenanbau. Damit soll sichergestellt werden, dass die Gundelfinger nicht mit neuen Hochleistungssorten arbeiten müssen, die lediglich auf Ertrag und Resistenz gezüchtet werden.

Rohstoffe und die damit verbundene Bierqualität stehen für die bayerischen Sudzauberer an erster Stelle. So gilt Enzo Frauenschuh in der Szene auch als brillanter Hefe-Guru. Mehr als 40 internationale Stämme hütet er in der Brauerei, die er zum Teil selbst hochzieht. Bekannt ist FrauGruber aber ebenso vor allem für kreative Hopfenspiele: Das Depot der beiden Jungunternehmer mit ihren Rohstoffschätzen ist so etwas wie das Fort Knox der deutschen Craftbier-Szene, denn der Brauer hegt hier Hunderte von Kilo seltener Hopfensorten aus Ländern wie USA, Australien, Neuseeland und natürlich aus heimischen Gefilden.

Damit produziert er mit seinem Brauerkollektiv die Biere mit fruchtig-saftigen, würzig-harzigen oder tropisch-exotischen Aromen. Bei den meisten der rund 100 jährlich angebotenen Sorten aus dem Hause FrauGruber handelt es sich um besondere India Pale Ales mit Alkoholgehalten, die nicht selten die 8-Prozent-Marke überschreiten. Aus den heiligen Hallen in Gundelfingen kommen jedoch auch erfrischende Fruchtsauerbiere, angesetzt mit Himbeeren, Mango oder Orange. Zudem schlummern dort Bierspezialitäten in etwa 50 vorbelegten Spirituosenfässern. „Fast alle unsere Sude sind One Shots", freut sich Mitgründer Matthias Gruber, der in der Brauerei für den Vertrieb zuständig ist.

Neben solchen Aromabomben sind die Jugendfreunde besonders stolz auf ihr Helles. Ihr Anspruch bei der Entwicklung war es, sich von den vielen Brauerkollegen abzusetzen, die nach ihrer Meinung den Bierstil meist „stiefmütterlich" behandeln. Frauenschuh gibt sich enttäuscht darüber, wie die meisten Brauer das Helle realisieren und auf Nullachtfünfzehnprodukte setzen. Um seiner Brauerehre gerecht zu werden, spielt er in seiner Version mit zwei Hefen, mehreren Hopfensorten sowie eigener spezieller Braugerste. „Ich steh einfach darauf, auch traditionelle Biersorten mit all den uns zur Verfügung stehenden Rohstoffen individuell zu gestalten", resümiert Hopfenzauberer Enzo Frauenschuh.

FrauGruber Brewing füllt fast alle Biere in 440-ml-Dosen ab.

Die Dose gilt als beste Verpackung für Bier. Sie schützt den Inhalt vor Luft und Licht.

In Reih' und Glied: Die Dosen auf dem Weg zur Befüllung.

Frische Hopfendolden kommen eher selten in den Kessel, sie dienen meist als Deko.

Ein Brauer wiegt Hopfenpellets für den nächsten Sud ab.

Ausgewählte Malz- und Hopfensorten sorgen für spannende Biere.

NEW ENGLAND IPA

Das „New England IPA“ kennzeichnet sich durch eine satte sonnengelbe Farbe, einen üppigen weißen Schaum und eine deutliche Trübung. Im Aroma zeigt es tropische und zitrusartige Noten.

STAMMDATEN

AUSSCHLAGVOLUMEN	STAMMWÜRZE	ALKOHOL	IBU
20 l	16,8 °P	6,5 %	25

SCHÜTTUNG

PILSNER MALZ	WEIZENMALZ
3500 g	2500 g

MAISCHPROGRAMM

EINMAISCHEN MIT 10 L WASSER BEI 50 °C
58 °C – 15 MINUTEN RAST
62 °C – 30 MINUTEN RAST
65 °C – 30 MINUTEN RAST
72 °C – 15 MINUTEN RAST
NACH JODPROBE ABMAISCHEN BEI 78 °C

LÄUTERN

CA. 15 L NACHGUSS
(78 °C WARMES WASSER)

KOCHEN

KOCHZEIT 70 MINUTEN

HOPFEN / ZUGABE

HOPFEN	ZUGABE
5 g IDAHO 7	WHIRLPOOL

GÄRUNG

LONDON-ALE-III-HEFE BEI 20 °C

DRY HOPPING

5 g MOSAIC	2–3 TAGE HOPFENSTOPFEN
5 g CITRA	2–3 TAGE HOPFENSTOPFEN

DRY HOPPING

10 g MOSAIC	2–3 TAGE HOPFENSTOPFEN
10 g CITRA	2–3 TAGE HOPFENSTOPFEN

HOPFEN WEISSE
LEMKE BERLIN
WEIZENBOCK IPA

LEMKE

BERLINER SUPERSTAR

Vom Markenkonflikt zur totalen Überforderung der Konsumenten bis hin zu den wohl erfolgreichsten Brauhäusern in der Bundeshauptstadt: Oliver Lemke gilt als erster Craft-Brauer in Berlin, der mit seinen Kreativbieren sein Unternehmen erst gegen die Wand fuhr, um jetzt Erfolgsgeschichte zu schreiben.

Das Lemke-Team setzt auch auf Spezialitäten aus vorbelegten Spirituosenfässern wie Bourbon, Tequila oder Rum.

Chef Oliver Lemke steht sogar noch selbst am Kessel, um das Geschehen zu prüfen.

E

Eigentlich wollte Oliver Lemke unbedingt Agrartechnik studieren, um später einmal Landmaschinen zu konstruieren. Allerdings wurde an den Universitäten von Berlin der Studiengang damals nicht angeboten, und so entschied sich der gebürtige Heidelberger schließlich für eine Ausbildung im Bereich Brauereitechnologie. „Das Studium entsprach genau meinen Neigungen, und ich hatte die Stadt inzwischen so ins Herz geschlossen, dass ich sie eigentlich nicht verlassen wollte," gesteht Lemke.

Dennoch entschloss er sich nach der Ausbildung, das Bierbrauen auch in anderen Ländern zu erkunden. Nach Auslandsaufenthalten, unter anderem in Japan, wollte er nach seiner Rückkehr etwas Einzigartiges auf die Beine stellen. So öffnete er im November 1999 in Berlin einen Brewpub, in dem er – entgegen sämtlicher deutschen Gepflogenheiten – allein im ersten halben Jahr mehr als 50 verschiedene Biere braute. Die Craftbier-Branche in Deutschland gab es damals noch gar nicht, und Lemke avancierte zu einem ihrer Pioniere.

Inmitten seiner ersten Location, die sich bis dato unter den S-Bahn-Bögen am Hackeschen Markt befindet, stand ein großer japanischer Grill, auf dem die Köche „Yakitori-Spieße" brutzelten. Was heute mit der Vielzahl an Bieren als echter Hotspot gilt, war zu der Zeit eher eine exotische Location. Damals verzogen die Gäste angesichts völlig unbekannter Bieraromen – und das obendrein in Kombination mit unbekannten japanischen Gerichten – noch ihre Gesichter.

Da die Gäste irgendwann ausblieben, stand Lemke vor der Entscheidung: alles dicht machen oder das Konzept verändern. Also entwickelte er eine neue Strategie und passte sich mit seiner Gasthausbrauerei dem Berliner Gaumen an. Der studierte Brauingenieur schenkte fortan selbst gebrautes Pils, Dunkles und Weißbier aus und reichte dazu Eisbein und Currywurst.

Daraufhin boomte plötzlich das Geschäft, und die bisherigen Braukapazitäten reichten bald nicht mehr aus. Mutig übernahm der umtriebige Lemke zwei weitere Locations – eine am Alexanderplatz und eine in Charlottenburg. Den Standort am Alex baute das Team so um, dass die Biermeisterei mit 600 Sitzplätzen nun als Hauptstätte des Lemke-Unternehmens läuft. Die Brauerei Lemke sollte ursprünglich ganz anders heißen. Der Namensfavorit des Braumeisters war Barley's. Aber dann gab es Konflikte mit der Brauerei Garley, die die Bezeichnung als zu ähnlich fand. „Als Anfänger habe ich damals jeglichen Streit gescheut, eine Abmahngebühr bezahlt und gelobt, den Namen nie wieder zu benutzen", erinnert sich Lemke. Schließlich überzeugte ihn ein Kumpel auf einem Junggesellenabschied davon, doch besser seinen Familiennamen als Label zu verwenden.

Einige Zeit später, genauer gesagt 2010, besuchte Oliver Lemke ein Bierfestival in den USA. Er war begeistert, mit welcher Dynamik damals die Craftbier-Szene florierte, und kam ins Grübeln. Nach der Rückkehr in Berlin formierte er seine Marke noch einmal um. Kreativbiere sollten eine zweite Chance im Hause Lemke bekommen. So flossen von da an auch Pale Ale, India Pale Ale, Hopfenweiße und Imperial Stout vom Hahn – und schließlich schien die Zeit endlich reif dafür. In seinen Brauhäusern gelang es ihm nun, neben Traditionalisten ebenfalls Craftbier-Fans zu überzeugen. Mit seinem Strategiewechsel traf er punktgenau die gerade neu entstehende Bierfaszination der Berliner und erkannte: „Bier sollte gleichzeitig traditionell und innovativ sein."

Aus diesem Grund ließ die Experimentierfreude von Oliver Lemke auch nie nach. So war er wohl der erste Nachwuchsbrauer der Hauptstadt, der sich an das Kulturgut, die Berliner Weiße, heranwagte. Diese Bierspezialität war damals mit gepanschtem Himbeersirup und Waldmeisteraromen allenfalls noch als zuckersüßer Touristentrunk beliebt. Lemke wühlte in alten Rezepten und braute das Bier nach Tradition wieder mit verschiedenen Hefen und Milchsäurekulturen, die ein spezielles Aroma erzeugten. Seine „Budike Weisse" existiert inzwischen in ganz unterschiedlichen Versionen: gereift auf Himbeeren, Kirschen und Waldmeister sowie gelagert in Eichenholz – aber eben nicht gepanscht in gängiger Touri-Variante. „Ein wirklich außergewöhnliches Bier sollte einen guten Geschmack mit einer schönen Balance erzielen, gepaart mit einem passenden Aromakick", schwärmt der Brauereichef, der nach anfänglichen Fehlschlägen heute umso erfreuter über seine Erfolgsgeschichte ist.

Neben Berliner Weiße, Hellem, böhmischem Pils und diversen hopfenbetonten Bieren wie Pale Ale oder India Pale Ale setzt das Lemke-Kollektiv auf ein spezielles Jahrgangsbier. Dafür wird ein kräftiges Imperial Stout mit über zehn Umdrehungen eingebraut, das anschließend mehrere Monate in vorbelegten Spirituosenfässern zur Vollendung schlummert. So gab es den nachtschwarzen Trunk bereits aus Bourbon-, Tequila-, Sherry-, Cognac- und Rumfässern. „Bei uns wird es nie langweilig", freut sich Oliver Lemke, „es stehen immer wieder neue Biere, Geschmacksoptimierungen oder auch Probleme bei der Produktion an, die uns jeden Tag aufs Neue herausfordern." Selbst wenn der Brauereichef gesteht, dass

er eigentlich zu viele Biere im Portfolio hat, kann er von seiner Obsession nicht lassen: „Sicherlich wäre es wirtschaftlich sinnvoll, deutlich weniger Sorten zu führen, aber meine Mannschaft und ich würden uns schwertun, auf irgendwelche Biersorten zu verzichten." Denn an jedem Sud hingen schließlich treue Fans, die er nicht verärgern will.

Richtiges Hefemanagment ist unerlässlich für eine saubere Gärung.

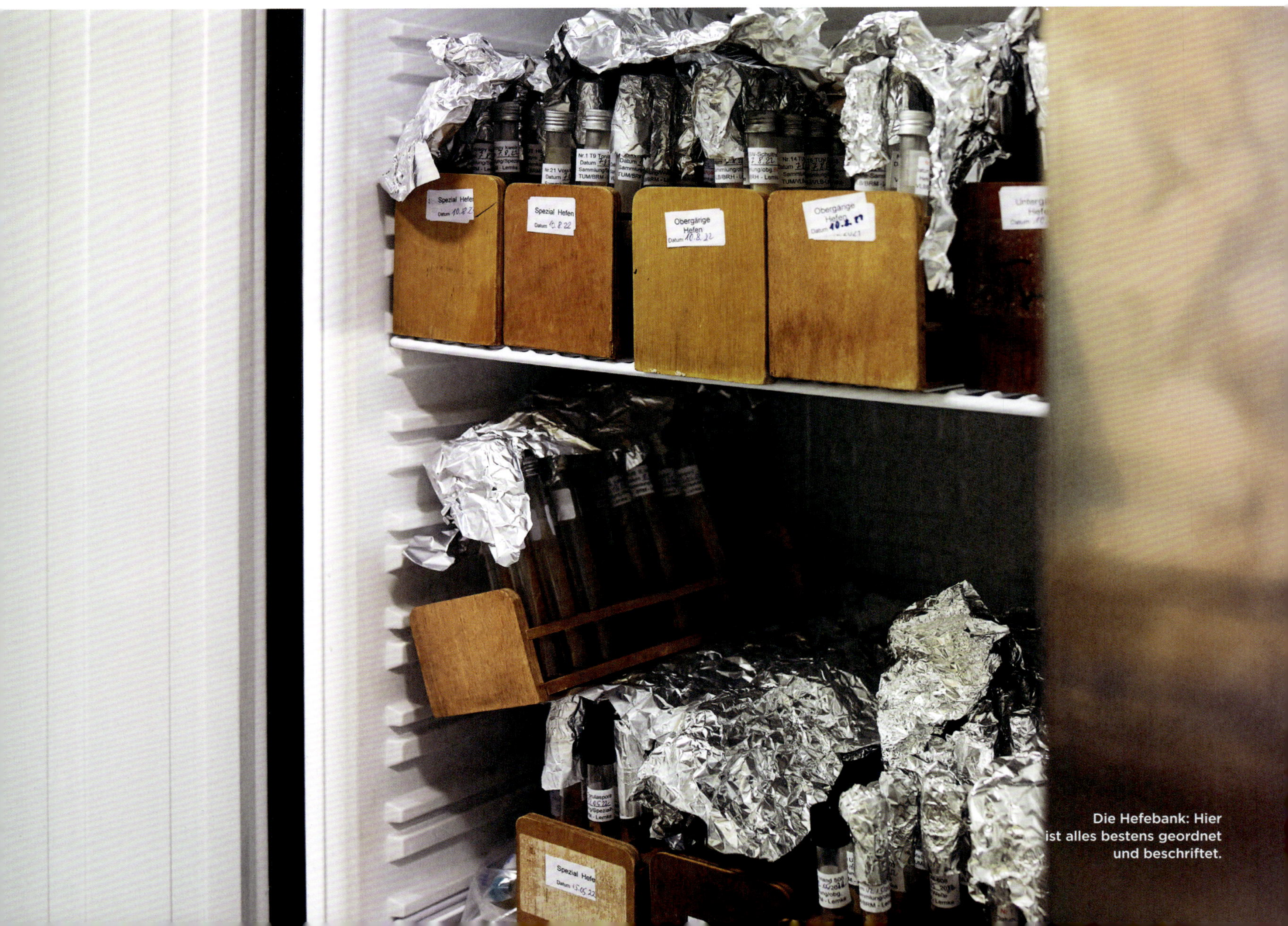

Die Hefebank: Hier ist alles bestens geordnet und beschriftet.

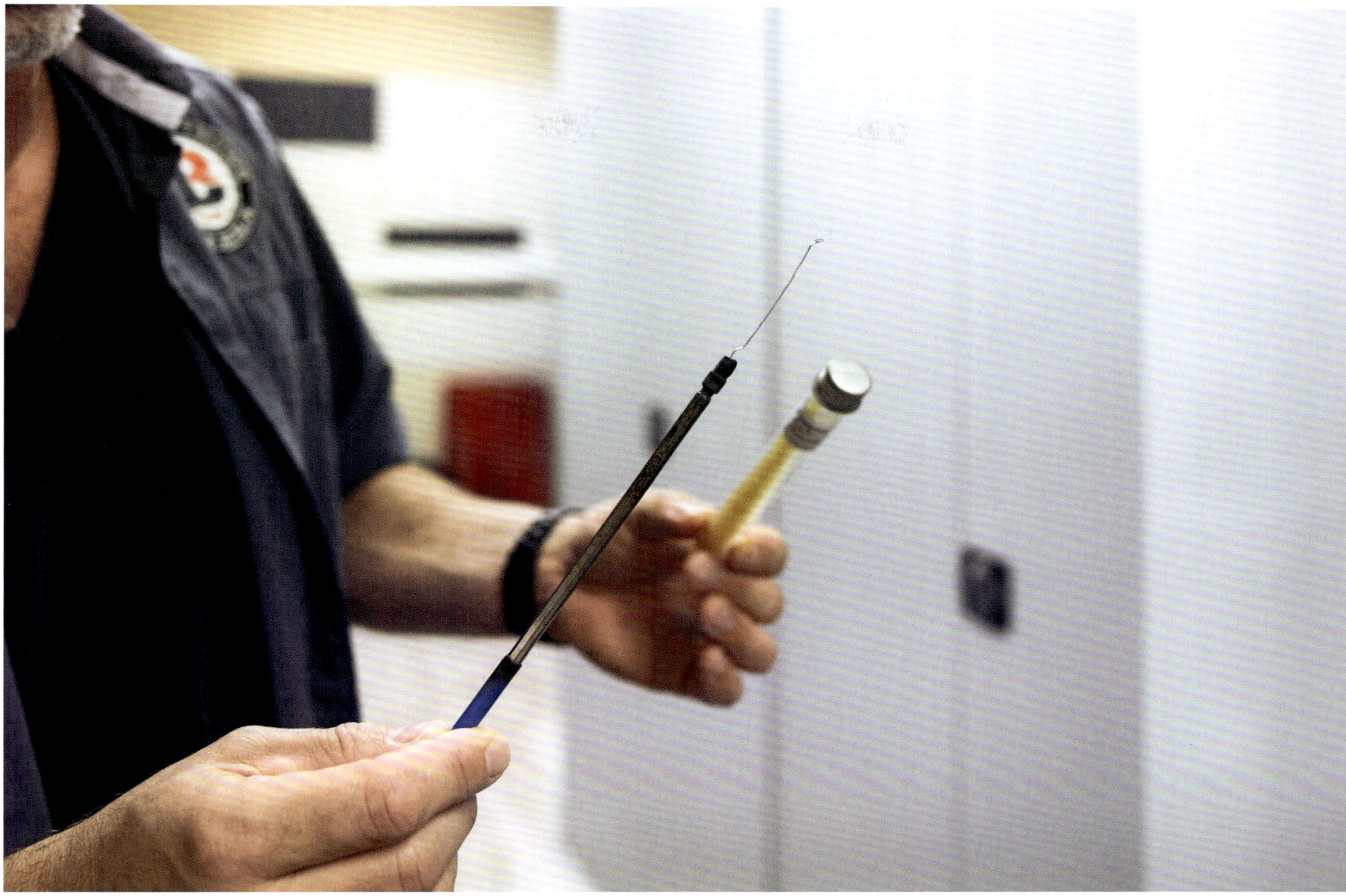

Ein integriertes Rührwerk im Sudkessel bewegt die Maische, damit sich keine Klumpen bilden und nichts anbrennt.

In der Biermeisterei können verschiedene Malze probiert werden – als Körnchen oder im fertigen Bier.

HOPFEN WEISSE

Die „Hopfenweisse“ zeigt sich bernsteinfarben und mit weißem Schaum. Im Aroma präsentiert sie Noten von Banane, reifen Äpfeln und Honig.

STAMMDATEN

AUSSCHLAGVOLUMEN	STAMMWÜRZE	ALKOHOL	IBU
20 l	16 °P	7,0 %	40

SCHÜTTUNG

PILSNER MALZ	WEIZENMALZ	MAHAGONY	EBENHOLZ
2370 g	2500 g	65 g	65 g

MAISCHPROGRAMM

EINMAISCHEN MIT 15 L WASSER BEI 63 °C
63 °C — 30 MINUTEN RAST
68 °C — 30 MINUTEN RAST
72 °C — 30 MINUTEN RAST
NACH JODPROBE ABMAISCHEN BEI 78 °C

LÄUTERN

CA. 11 L NACHGUSS
(78 °C WARMES WASSER)

KOCHEN

KOCHZEIT 60 MINUTEN

HOPFEN	ZUGABE
MAGNUM	KOCHBEGINN

GÄRUNG

W-68 BEI 18–25 °C

KALTHOPFEN

2 G/L CASCADE 4 TAGE

STIEGL-GUT WILDSHUT

BACK TO THE ROOTS

Im österreichischen Stiegl-Gut Wildshut nahe Salzburg beginnt das Bierbrauen bereits im Boden. Hier produziert Kreativbraumeister Markus Trinker spezielle Sude in einer sogenannten Vollholzbrauerei mit eigenem Urgetreide, die auch mal in Tonamphoren unter der Erde heranreifen.

R

So experimentiert das Team um Kreativbraumeister Markus Trinker, der 2018 vom Genuss-Guide „Gault&Millau" zum „Braumeister des Jahres" in Österreich ausgezeichnet wurde, leidenschaftlich an vielen extravaganten Bierspezialitäten. Bei der Marke „Sortenspiel" handelt es sich etwa um eine obergärige Cuvée aus Urgetreiden wie Heines Goldthorpe, Alpine Pfauengerste, Proskowetzer Hanna, Laufener Landweizen, Ebners Rotkorn und Schwarzhafer. Diese Rohstoffe gelten heute als wahre Raritäten aus alter Zeit. Der individuelle Charakter macht sich auch in anderen Produkten der Braumanufaktur bemerkbar: „Hopfen Herz" ist beispielsweise ein Bio-Kellerbier, das als Hommage an das grüne Gold gilt und mit 100 Prozent Aromahopfen gebraut ist. „Malz Reigen" hingegen soll einen Tanz der Malze präsentieren und legt durch eine Spezialmalz-Komposition

Rund 30 Kilometer nördlich von Salzburg und nur einen Steinwurf von der deutschen Grenze entfernt, thront inmitten unbändiger Natur das Stiegl-Gut Wildshut. Hier stellt ein ausgewähltes Team kein herkömmliches Märzen, Helles oder Pils her, sondern Sude mit ganz speziellem Charakter. Dabei ist Stiegl-Chef Heinrich Dieter Kiener besonders eines wichtig: „Wir stehen hier für Nachhaltigkeit, Vielfalt und vor allem für Experimentierfreude und große Genussmomente."

Bei diesem imposanten Anwesen im Innviertel handelt es sich um das erste Biergut Österreichs, ein Ableger der Stiegl-Brauerei in der Mozart-Stadt. Chef Kiener ist stolz darauf, die erste Vollholzbrauerei des Landes zu betreiben, die ohne Leim und Metallverbindungen konzipiert wurde. Zum Arrangement des Bierguts gibt es eine Mälzerei, einen Hopfengarten, einen speziellen Reifekeller, aber auch eine Destille sowie eine Bio-Gastronomie, in der sich alles um das Thema „Bier und Brot" dreht. Ein Gästehaus und ein „Moarhaus" für Veranstaltungen ergänzen das Angebot. Neben nachhaltiger Landwirtschaft mit Tiroler Bergschafen, Pinzgauer Rindern und Mangalitza-Schweinen setzt das Biergut-Team vor allem auf selbst angebautes Bio-Urgetreide, wie etwa die Alpine Pfauengerste, Bordeaux-Weizen oder den Laufener Landweizen. Alle Sorten, die vor Ort für die Wildshuter Biere gemälzt werden, finden Eingang in die ungewöhnlichen Bierspezialitäten.

Bevor das im Jahre 930 erstmals urkundlich erwähnte Wildshut in Besitz der heutigen Eigentümerfamilie ging, war es bis 1919 Sitz eines regionalen Pfleg- und Landesgerichts. Davor gehörte es noch bayerischen Herzögen. Erst als das Gut Ende des 18. Jahrhunderts österreichisch wurde, begann dort auch die Produktion von Gerstensäften. Der heutige Eigentümer Heinrich Dieter Kiener nahm die Biertradition von Wildshut wieder auf. Seit 2012 gilt der Landsitz als innovative Ideenschmiede und eines der Zentren für kreative Biere in Österreich.

Jeder Tank besitzt eine Nummer und eine große Luke, um nach Benutzung besser reinigen zu können.

Einige Spezialbiere schlummern mehrere Monate zur Vollendung im spektakulären Reifekeller.

Viel Handarbeit: Jeder Griff an den Kesseln muss sitzen.

harmonische Karamell-, Röstkaffee- und Schokoladennoten vor.

Auch die Hefe kommt in der Wildshut-Brauerei nicht zu kurz. So ließ Markus Trinker die „Bio Perlage", wobei es sich um ein Brut de Bière handelt, mit Champagnerhefe vergären und hopfte es mit den Sorten Simcoe sowie Hallertauer Blanc. Dadurch erzielt er einen weinigen Charakter. Inzwischen sind in der Vollholzbrauerei schon viele unterschiedliche Sude entstanden. „Jedes Bier erzählt seine eigene Geschichte", schwärmt der Kreativbraumeister, „wenn wir uns an den Sudkessel wagen, dann sind Faktoren wie Drinkability und Individualität für uns sehr wichtig."

Als eigenständigstes und innovativstes Bier aus dem Hause des Stiegl-Guts wird das „Ur-Bier" betrachtet, das inzwischen in mehreren Auflagen auf den Markt kam. Dabei präsentiert das Braumeister-Team einen Sud, wie er wohl schon vor 5000 Jahren genossen wurde. Er besteht aus einer Malzmischung der selbst angebauten Sorten Alpine Pfauengerste, Dinkel und Bordeaux-Weizen, angereichert mit Datteln und Akazienhonig. Hinzu kommen noch Gewürze und Kräuter wie Schafgarbe, Anis, Koriander und Safran. Das Besondere neben all diesen Zutaten: Gärung und Reifung fanden in speziellen, handgefertigten Tonamphoren statt, die extra noch in die Erde eingegraben wurden. Das 9,5-prozentige „Ur-Bier" zeigt sich mit Zitrus- und Kräuteraromen, einer säuerlichen Note sowie einer schaumweinähnlichen Perlage.

Solche Biere sind natürlich stark limitiert, da sie einen großen Aufwand erfordern. Braumeister Markus Trinker schätzt es jedoch, dass er sich bei Stiegl mit seiner Braucrew vollends ausleben und all seine kreativen Ideen umsetzen kann. Dabei spielt nicht das einzelne Produkt die Hauptrolle, sondern vor allem dessen Entstehung und die Philosophie dahinter. Für Trinker beginnt Bierbrauen bereits in Mutter Erde, und der wichtigste Wert dabei ist die Zeit. Nicht umsonst tragen sämtliche Stiegl-Biere das Gütesiegel „Slow Brewing", das als Garantie für Qualität und lange Reifung steht. Für Brauerei-Inhaber Heinrich Dieter Kiener ist die Mitgliedschaft in dieser Qualitätsvereinigung selbstverständlich: „Der Hektik unserer Zeit erteilen wir mit unserer Art zu brauen eine klare Absage." Das Konzept scheint jedenfalls aufgegangen, denn Gut Wildshut zählt heute zu den erfolgreichsten Biermanufakturen in der Alpenrepublik.

Malztreber wird an die vielen Tiere von Wildshut verfüttert.

In einem Malzregal können verschiedene Getreidesorten begutachtet werden.

Auch auf der Maischepfanne können Besucher die verwendeten Malzsorten anschauen.

O'zapft is: Kreativbraumeister Markus Trinker macht regelmäßig eine Qualitätskontrolle seiner Biere.

DUNKLE KAFFEE WEISSE

Die dunkle Weiße zeigt sich in einem nussbraunen Farbton und mit einem beigen Schaum. Im Aroma präsentiert sie malzige, sanft fruchtige und kaffeeartige Noten.

STAMMDATEN

AUSSCHLAGVOLUMEN	STAMMWÜRZE	ALKOHOL	IBU
20 l	12,5 °P	5,3 %	14

SCHÜTTUNG

PILSNER MALZ	WEIZENMALZ	WEIZENRÖSTMALZ	CARAHELL	CARAMÜNCH	CARAAROMAH
1600 g	1800 g	140 g	180 g	100 g	60 g

MAISCHPROGRAMM

EINMAISCHEN MIT 13 L WASSER BEI 37 °C
37 °C — 5 MINUTEN RAST
45 °C — 10 MINUTEN RAST
52 °C — 5 MINUTEN RAST
63 °C — 25 MINUTEN RAST
72 °C — 20 MINUTEN RAST
(JODPROBE NACH 15 MINUTEN)
76 °C — ABMAISCHEN

LÄUTERN

CA. 9 L VORDERWÜRZE
CA. 13 L NACHGUSS
(78 °C WARMES WASSER)

KOCHEN

KOCHZEIT 60 MINUTEN

HOPFEN

HOPFEN	ZUGABE
14 g SPALTER SELECT	KOCHBEGINN
9 G SPALTER SELECT	30 MINUTEN NACH KOCHBEGINN

GÄRUNG

W-68 OBERGÄRIGE HEFE BEI 18 °C FÜR 4 TAGE, DANN BEI 16 °C FÜR 6 TAGE

4 ESPRESSI AUS JE 7 G FRISCH GEMAHLENEN ESPRESSOBOHNEN DEM JUNGBIER WÄHREND DER LAGERZEIT BEIMENGEN

Drink all you

HERTL

GESCHICHTEN AUS DEM SCHWEINESTALL

David Hertl gilt als einer der lautesten und quirligsten Bier-Maker im Lande. Um seine Braumanufaktur Hertl in der Nähe von Bamberg zu realisieren, baute der Franke den familiären Bauernhof um und startete seine Erfolgsstory mit einem spektakulären Gurkenbier.

Bottleshop: Im eigenen Hertl-Verkaufsraum gibt's alle verfügbaren Sorten.

Er ist Braumeister, Bier- und Weinsommelier sowie Chef der kleinsten und wohl verrücktesten Brauerei im Frankenland. Schon mit 15 Jahren war David Hertl klar, dass er Brauer werden möchte. So sammelte er als Praktikant weitreichende Erfahrungen in verschiedenen Brauereien – darunter auch in einer Gasthausbrauerei in San Francisco. Danach schloss er die Meisterschule ab und funktionierte den familiären Bauernhof in Thüngfeld-Schlüsselfeld, einem Nest mit kaum 1000 Einwohnern nahe Bamberg, zur eigenen Brauwerkstatt um.

In einem alten Schweinestall gründete der damals jüngste Braumeister im Lande die Braumanufaktur Hertl und avancierte schnell zum fränkischen Geheimtipp. Und das, obwohl es seiner Meinung nach schon wahnwitzig genug war, überhaupt eine neue Brauerei in Oberfranken – mit der höchsten Brauereidichte der Welt! – aufzumachen. Sein allererstes Bier kreierte er in der mütterlichen Küche, die er in ein Hopfendampfbad verwandelte. „Die Pressspanküche hat das nicht so gut vertragen, und meine Mutter war auch nicht gerade begeistert", erinnert sich Hertl. Das Ergebnis war ein viel zu herbes Pils. Und selbst wenn es nicht wirklich gelungen war, getrunken habe er es trotzdem.

Anfangs waren Hertls Brauspezialitäten ziemlich rar. Er hatte nur eine Kapazität für 180 Liter pro Sud. Aber dann baute er sein Reich Schritt für Schritt aus, und heute kennt vermutlich jeder Craftbier-Fan hierzulande seine Braumanufaktur oder hat zumindest schon einmal von dem quirligen Braumeister mit dem enorm lauten Sprachorgan und seiner sympathischen Familie gehört. Auf dem Thüngfelder Hof helfen nämlich sowohl Mutter Vroni als auch Vater Bernd und eine Handvoll weitere Verwandte fleißig mit. Hertls Vater, der eigentlich Winzer ist, schmiss sogar seinen Job und lernte den Brauerberuf bei seinem Sohn, um diesen tatkräftig unterstützen zu können. So wurde Vater Hertl der erste Angestellte in der jungen Brauschmiede. „In rund 40 Prozent meiner Mitarbeiter fließt dasselbe Blut", amüsiert sich David Hertl.

So widmete der Braumeister, der pro Jahr rund 44 Biere produziert, seiner Familie einige Biere: Inzwischen gibt es „Mutti's Sonnenschein", „Papa's Weißheit", „Opa's Liebling" und „Oma's Betthupferl". Diese Sorten zählen jedoch zu den eher harmlosen Bieren in seinem Portfolio. Der Franke brachte schon Sude mit Tomaten, Trüffel, Roter Bete oder Tonkabohnen auf den Markt. Das Highlight im bestehenden Sortiment ist allerdings noch immer seine „Gurken Gose". Diese braut er mit fränkischen Salatgurken und reichlich Salz. „Die ‚Gurken Gose' ist eindeutig das Bier,

mit dem wir bislang die größte Aufmerksamkeit erzielt haben", sagt Hertl, der seine Spezialität als eine Art „alkoholhaltigen Salat" beschreibt. Dieses Bier gilt als wichtiger Zündfunke für Hertls Erfolg und machte auch international Karriere. Wegen diesem Sud kam sogar das japanische Fernsehen bei ihm im Dorf vorbei.

Der Braumeister ist nicht nur bekannt für seine Biere, sondern ebenso für ungewöhnliche Auftritte. Auf Bierfestivals dröhnt sein Lachen durch die ganze Halle, und der Stand ist mit den aus Holz geschnitzten Familienporträts und bunten Plakaten nicht zu übersehen. In der Szene wird David Hertl als echtes Unikat betrachtet. Sein Talent zum Entertainer hat er außerdem wiederholt bei Auftritten im deutschen Fernsehen gezeigt. Seine Braukurse in Schlüsselfeld sind geradezu legendär. Während einer Bierprobe bei deftiger Verpflegung von Mutti Vroni dürfen die Teilnehmer selbst in den heiligen Kesseln rühren und lernen jede Menge über den Brauprozess. Hertl beschreibt sich gern als „Brauer zum Anfassen".

Neben Bier und Entertainment setzt der Oberfranke auf weitere Spezialitäten rund um den Gerstensaft. So produzierte er unter seiner Marke jüngst auch einen „Bier-Leberkäse" aus der Dose, hochprozentigen „Braumeister Rum" sowie einen Hopfen-Gin mit der Sorte Sorachi Ace, die der Spirituose ein besonderes Aroma von Kokosnuss beschert. Passend zum Gin gibt es außerdem ein Tonicwater aus seinem Hause. „Ich liebe diese Vielfalt und Möglichkeiten, die uns heute moderne Biere bieten", schwärmt Hertl im tiefsten fränkischen Dialekt.

Bei David Hertl wird es nie langweilig. So machte sich der umtriebige Tausendsassa auch einen Namen als Retter in der Not. Im Frühjahr 2022 übernahm er die Kultbrauerei Eichhorn im rund 40 Kilometer entfernten Hallstadt, die wegen der Coronakrise aufgeben musste. Dort nutzt er das Braurecht sowie die traditionellen Rezepturen und lässt damit die einstmals renommierte Marke weiterleben.

Hertl wäre jedoch nicht Hertl, wenn er dort nicht auch eigene Sorten produzieren würde. Eines der ersten Biere aus Hallstadt ist ein sogenanntes Pastry Sour Ale, das er mit Maracujapüree und Milchzucker herstellt. Das sei quasi eine „Fruchtschorle für den Sommer", sagt Hertl. Was Bier anbelangt, gibt es für den jungen Hopfenzauberer nichts, was es nicht gibt. Er probiert einfach alles aus, was irgendwie möglich ist. „Für mich ist der Brauberuf einfach der geilste Job der Welt", resümiert der lebensfreudige Franke.

Die Braumanufaktur Hertl agiert als Familienunternehmen. Neben Mama und Papa helfen noch viele andere mit.

Auf dem Hertl-Areal findet man überall buntgemalte Gesichter der Familie.

David Hertl ist passionierter Braumeister, der auch mit seiner fröhlichen Art seine Fans begeistert.

Das offene Kühlschiff gilt als Besonderheit in Hertls Brauerei und als echte Seltenheit in der deutschen Bierbranche.

Ein Barometer am Sudkessel zeigt den Druck, den das Team regelmäßig prüft.

MUTTI'S SONNENSCHEIN – DIE HELLE

Das Helle zeigt sich in einem klaren Goldton und mit stabilem, weißem Schaum. Im Aroma präsentiert es malzige Noten sowie würzige und fruchtige Anklänge.

STAMMDATEN

AUSSCHLAGVOLUMEN	STAMMWÜRZE	ALKOHOL	IBU
20 l	11,5 °P	4,9 %	22

SCHÜTTUNG

PILSNER MALZ	CARAPILS WEYERMANN
3360 g	360 g

MAISCHPROGRAMM

MAISCHEN MIT 14,5 L WASSER BEI 61 °C
61 °C — 30 MINUTEN RAST
72 °C — 20 MINUTEN RAST
NACH JODPROBE ABMAISCHEN BEI 78 °C

LÄUTERN

CA. 11,5 L NACHGUSS
(78 °C WARMES WASSER)

KOCHEN

KOCHZEIT 70 MINUTEN

HOPFEN

18 G HALLERTAU TRADITION
10 G HALLERTAUER MITTELFRÜH

ZUGABE

VORDERWÜRZE
WHIRLPOOL

GÄRUNG

WB-34/70 BEI 12 °C (HAUPTGÄRUNG)
5 °C (NACHGÄRUNG)

PRIVATE LANDBRAUEREI SCHÖNRAM

TRADITIONS-BEWUSSTER PIONIER

Beste Rohstoffe, Experimentierfreude und ausgezeichnete Biere: Mit diesen Erfolgsfaktoren verwandelte ausgerechnet ein US-Amerikaner die bayerische Landbrauerei Schönram in einen Geheimtipp für Craftbier-Fans aus aller Welt. Der Zauberer am Sudkessel ist Eric Toft.

Regelmäßige Zwickelproben vom Lagertank sind enorm wichtig für die Brauer, um den Reifegrad zu prüfen.

E

Es gilt als etwas wirklich ganz Besonderes, wenn Biere einer mehr als 240 Jahre alten Landbrauerei aus dem tiefsten Oberbayern plötzlich zu den besten der Welt gehören. Und das, obwohl die Sude zu fast 90 Prozent nur im Umkreis von 30 Kilometern ihres Entstehungsortes verkauft werden. Bis vor wenigen Jahren kannte wohl kaum jemand die kleine Privatbrauerei Schönram, die im Nirwana des idyllischen Voralpenlandes irgendwo versteckt zwischen Traunstein und Salzburg liegt. Inzwischen hat sich die winzige Gemeinde im Rupertiwinkel zum Mekka für Bier-Aficionados rund um den Globus entwickelt.

Dass solch eine tief verwurzelte Regionalbrauerei zum Herzstück neuer Bierkultur werden konnte, ist vorrangig einem Mann zu verdanken: dem US-Amerikaner Eric Toft, den es nach einem Studium der Geophysik in Colorado nach Bayern verschlug, um an der Universität in Weihenstephan Brauwesen zu studieren. Nach seiner Ausbildung und einem kurzen Intermezzo in belgischen Brauereien arbeitete der umtriebige Sudzauberer kurzzeitig in einer Brauerei im Chiemgau, bis er 1998 schließlich in Schönram begann. Toft blieb im Bajuwarenland und ist heute froh darüber, nach seinem Braustudium in Weihenstephan ein finanziell lukratives Stellenangebot aus Saudi-Arabien ausgeschlagen zu haben. Inzwischen tritt der Wahlbayer am liebsten in zünftiger Lederhose auf, bedient in seiner Freizeit das Tenorhorn der örtlichen Blaskapelle, und sein oberbayerischer Dialekt lässt sich kaum noch von dem der Einheimischen unterscheiden.

Es ist keineswegs übertrieben, Eric Toft als Pionier der deutschen Craftbier-Branche zu bezeichnen. Der Bierenthusiast war einer der ersten Brauer hierzulande, der sich an Bierstile wagte, die vor allem in Bayern bei den meisten Maßtrinkern noch völlig unbekannt waren. Die Leidenschaft dazu brachte der umtriebige Ex-Amerikaner aus seiner Heimat mit nach Deutschland, wo die Craftbier-Szene schon einige Jahre zuvor florierte. So entwickelte er sich zum Vorreiter bei hiesigen India Pale Ales (IPAs) und Imperial Stouts. Die Pionierleistung von Toft erkennt auch Schönramer-Chef Alfred Oberlindober an: „Was Besseres als Eric Toft hätte uns nicht passieren können, sein anhaltender Qualitätsgedanke mit immer neuen Ideen zählt zum Erfolgsgarant unserer Brauerei."

Zur Erfolgsstory der Braustätte mit angeschlossenem Bräustüberl und Biergarten gehören aber ebenfalls modernste Technik, Tradition und vor allem: Regionalität. So stammen Hopfen und Malz grundsätzlich aus bayerischem Anbau. Die hohen Anforderungen an die Rohstoffe machen sich bei den Bieren bemerkbar: Um gleichbleibende Qualität zu gewährleisten, verschneidet das Brauteam je nach Erntequalität verschiedene Hopfenjahrgänge. Kein Wunder also, dass die Biere – hauptsächlich Helles und Pils – hierzulande zu den international meistausgezeichneten Suden zählen. Und auch wenn Schönram seine Biere nicht einmal in alle Welt hinaus exportiert, werden sie unter Liebhabern außerhalb Bayerns wie Trophäen herumgereicht.

Als besonderes Highlight gilt das „Grünhopfen Pils". In diese saisonale Spezialität gelangen nur frisch geerntete Dolden der Sorten Select und Tettnanger – die spätestens 24 Stunden nach dem Verlassen des Hopfengartens in den Kessel müssen, um ihr volles Aroma zu entfalten. Mit seinem „normalen" Pils gewann Toft mehrmals Gold und Silber beim World Beer Cup und beim European Beer Star, und auch das Helle der Schönramer konnte bei zahlreichen Awards rund um den Globus abräumen. Bei allen Sorten hält sich der Braumeister an die Devise: „Ein richtig gutes Bier muss über eine eigene Handschrift verfügen sowie ein anhaltendes Durstgefühl auslösen, das selbst nach dem Genuss mehrerer Gläser nicht nachlässt."

So rosige Zeiten verzeichnete die 1780 vom damaligen Landwirt Josef Köllerer gegründete Braustätte nicht immer. Am Anfang war sie mit angeschlossenem Wirtshaus und Stallungen in einer damals bevölkerungsarmen Region lediglich eine beliebte Anlaufstelle für Kutscher von Posttransporten zwischen Salzburg und München. Später blühte das Biergeschäft kräftig, und die spätere Familienerbin Elisabeth Köllerer entschied sich in den 1950er-Jahren gemeinsam mit ihrem Ehemann Alfred Oberlindober, die Brauerei aufzupeppen.

Mit dem Engagement von Eric Toft hat sich vieles verändert in der einst eher konservativen Landbrauerei. Im Fahrwasser neuer Ideen wurden das Sudhaus und der Gärkeller erweitert sowie Abfüllanlage und Lagerkeller vergrößert. Tofts Intention war es, das Portfolio der Landbrauerei mit modernen Suden zu verbreitern und den Konsumenten zu zeigen, was mit Hopfen und Malz innerhalb des Reinheitsgebotes alles möglich ist. Sein nachtschwarzes, 9,5-prozentiges Stout führt die Brauerei noch immer erfolgreich im Sortiment. Das India Pale Ale (IPA), einst renommierte Spezialität aus Schönram, wurde zeitweilig eingestellt, da es sich in der oberbayerischen Region nicht schnell genug verkaufte und Toft der Meinung ist, solche Biere müssten stets sehr frisch getrunken werden. „Ganz sicher kommt bald wieder ein neues, hopfenbetontes IPA raus", verspricht Toft, „aber – angepasst an bayerische Zungen – vielleicht in einer etwas abgeschwächten Version."

Hopfen gilt als die Seele des Bieres und als einer der wichtigsten Rohstoffe.

Immer der Nase nach: Kräftiges Schnuppern ist wichtig, um Aroma und Qualität des grünen Goldes zu prüfen.

Das Brauerei-Team verfolgt die offene Gärung mit ihren schaumartigen Kräusen.

Das richtige Malz ist genauso entscheidend für ein gutes Bier wie der Hopfen.

Innerhalb einer Stunde schafft die Maschine es, Tausende Flaschen abzufüllen.

Offene Gärkessel mit Blick auf die Hefekräusen sind ein Highlight bei der Brauereiführung.

HELLES

Das Helle zeigt sich in einem klaren Goldton und mit einem schneeweißen Schaum. Im Aroma präsentiert es malzige, würzige und sanft fruchtige Noten.

STAMMDATEN

AUSSCHLAGVOLUMEN	STAMMWÜRZE	ALKOHOL	IBU
20 l	11,8 °P	5,1 %	18

SCHÜTTUNG

PILSNER MALZ	SAUERMALZ
3450 g	50 g

MAISCHPROGRAMM

EINMAISCHEN MIT 13,5 L WASSER BEI 45 °C
60 °C — 15 MINUTEN RAST
63 °C — 25 MINUTEN RAST
65 °C — 6 L ABNEHMEN UND AUF 97 °C HEIZEN
97 °C — AUF 72 °C DURCH MISCHEN MIT REST-MAISCHE 10 MINUTEN RAST
NACH JODPROBE ABMAISCHEN BEI 78 °C

LÄUTERN

6 L + 3 L + 2 L NACHGÜSSE
(78 °C WARMES WASSER)

KOCHEN

KOCHZEIT 60 MINUTEN

HOPFEN	ZUGABE
10 G HALLERTAU TRADITION	10 MINUTEN NACH KOCHBEGINN
10 G SPALTER SELECT	40 MINUTEN NACH KOCHBEGINN
15 G HALLERTAUER HERSBRUCKER	8 MINUTEN VOR KOCHENDE

GÄRUNG

WEIHENSTEPHANER-34/70-HEFE BEI 10 °C

KUEHN
KUNZ ROSEN

KUEHN KUNZ ROSEN

KUEHNES SCHIFF AM RHEIN

Wendelin Quadt hing mit Mitte 50 seinen Managerjob an den Nagel, um eine Brauerei in Mainz zu eröffnen. Mit Erfolg. Der Hobbybrauer schaffte es innerhalb kurzer Zeit, sich mit seiner Marke Kuehn Kunz Rosen einen Namen in der deutschen Craftbier-Szene zu machen.

KUNZ

Wendelin Quadt war mit Mitte 50 ganz schön mutig. Um das Leben noch mal komplett umzukrempeln und seine eigene Biermarke Kuehn Kunz Rosen aufzuziehen, schmiss er seinen sicheren IT-Job hin. Mit einem Kumpel fabulierte er bereits in den 90-ern übers Bierbrauen. Sie bestellten ein rudimentäres Equipment, das erstmal in den Keller wanderte und verstaubte. Zehn Jahre später holte er die Mini-Braukessel doch noch raus und produzierte Sud für Sud. Die Idee, seinen Beruf aufzugeben, reifte, und der Rheinländer entschied sich, noch einmal über Los zu gehen. „Heute kann ich es immer noch nicht glauben", sagt der Bier-Quereinsteiger, „dass sich seitdem mein Privat- und Berufsleben so radikal geändert haben."

Nachdem die ersten Biere glückten, wollte Wendelin Quadt das Ganze professionalisieren. Anfang 2013 gründete er die Marke Kuehn Kunz Rosen und absolvierte in Berlin an der Versuchs- und Lehranstalt für Brauerei die Ausbildung „Craft Brewing in Practice". Dort lernte der Ex-IT-Manager aus Mainz den diplomierten Braumeister Hans Wägner kennen. Sie bündelten ihre Kompetenzen von betriebswirtschaftlichem Wissen und Brauberuf. Das erste Rezept von Quadt stand bereits, es war ein belgisches Witbier mit Koriander und Orangenschalen. Wägner wagte sich an untergärige Sorten, die als Einsteigerbiere in die Craftbier-Welt gelten sollten.

Als die Rezepte auf der Versuchsanlage funktionierten, wagten Quadt und Wägner, der heute nicht mehr im Unternehmen tätig ist, den Schritt zum Gypsy-Brauen. Alle Kuehn Kunz Rosen-Biere wurden rund zwei Jahre im Brauhaus Binkert im bayerischen Breitengüßbach gebraut. 2017 zogen die Craftbrauer dann in das ehemalige Gaswerk der Stadtwerke, das gegenüber des Yacht Clubs direkt am Rhein und nur unweit des Stadtparks von Mainz liegt. In dem alten Backsteingebäude wird seitdem fleißig gebraut, getrunken und gefeiert.

Neben der Brauerei existiert ein moderner Biergarten sowie ein gemütlicher Schankraum mit Blick auf das glitzernde Sudhaus, in dem frisches Bier aus 11 Zapfhähnen fließt und durch ein großes Flaschen- und Dosenbierangebot ergänzt wird. Das sind die hauseigenen, aber auch immer wechselnde Sorten von befreundeten Braustätten. „Wir bieten die größte Bierauswahl der Stadt", schwärmt Wendelin Quadt, der gern durch europäische Städte reist, um Bierkultur zu entdecken.

Der Mainzer Unternehmer ist begeistert, dass es mit der eigenen Location so schnell funktionierte und Kuehn Kunz Rosen offensichtlich gut ankommt. Bis Quadt den Namen für sein Label hatte, schrieb er mehr als 50 Ideen auf einen Zettel. Die meisten waren ihm dann aber doch zu profan. Letztlich sinnierte er über seine zweigeteilte Lebenszeit im Rheinland und Mainz und stolperte über die verbindenden Elemente Karneval sowie Fassenacht. Die Zeit der Narren wurde in früheren Zeiten auch am Hof von Kaiser Maximilian I. gelebt, also zur Zeit der Geburt des Reinheitsgebotes. Dieser Hofnarr soll Kunz von Rosen geheißen haben

Bei Kuehn Kunz Rosen setzen die Macher
bei einigen Spezialsuden auf Dose.

und klug, gewitzt sowie „kuehn" gewesen sein. „Die Persönlichkeit mit diesen Werten habe ich in meiner Biermarke gesehen", erinnert sich Wendelin Quadt. So stellte er dem Kunz Rosen das Kuehn voran.

In der Craftbier-Szene schaffte es der Mainzer, sich schnell einen Namen mit seiner Marke und seinen Suden zu machen. Das Sortiment ist dreigeteilt: Regional kolorierte Biere wie etwa das „Mainzer Dom Bräu" als süffiges Helles, gebraut mit den deutschen Hopfensorten Hüll Melon und Monroe sowie regionalen Malzen. Hinzu kommen die Craftbier-Klassiker wie das siebenprozentige „Mystique IPA", das mit Kamutflocken und vier Hopfensorten produziert ist, sowie die besonders kreativen Specials, die als One-Hit-Wonder gelten. Zudem sind die saisonalen Biere wie das „Pample Booze" bei Kuehn Kunz Rosen-Fans sehr beliebt. Dabei handelt es sich um ein India Pale Ale, bei dem Schalen der Pampelmuse mit im Sud landen. Bei solchen Bierideen vertraut Quadt auf sein Team: „Welche Sude wir machen und wann, ist von Anfang immer eine Teamentscheidung gewesen." Bei Kuehn Kunz Rosen kann jeder seine Vorschläge einbringen. „Wir machen das, auf was wir Bock haben", freut sich der Brauereichef, „das macht alles sehr lebhaft bei uns."

Seine Entscheidung zur Brauereieröffnung bereut der ehemalige IT-Manager nicht. Die Faszination vom Brauprozess und die Vielfalt der Bierwelt lässt ihn bis heute nicht los. Besonders schätzt er auch das Thema Foodpairing. Er liebt es, Speisen und Bier bei kulinarischen Events in seiner Gastronomie zusammenzubringen und seine Gäste davon zu begeistern. „Ich schätze es sehr, dass unsere Biere und Events so gut ankommen und ich ein Team habe, das auch in schwierigen Zeiten mitzieht, das kuehne Schiff auf Kurs zu halten", betont Wendelin Quadt. Schließlich erlebte er mit seiner Brauerei nicht immer nur Höhen.

Tonelería del Sur
Est. 1974 Spain

Wendelin Quadt ist stolz, den Schritt zur eigenen Brauerei gewagt zu haben.

Frisches Bier aus dem speziellen Kuehn Kunz Rosen-Glas gibt's aus elf Zapfhähnen im Schankraum.

KUEHNES BLONDES

Das Kuehne Blonde ist ein belgisches Wit. Es zeigt sich sonnengelb, leicht getrübt und mit weißem Schaum. Im Aroma präsentiert es feine Orangen- und Gewürznoten von Koriander und Paradieskörnern.

STAMMDATEN

AUSSCHLAGVOLUMEN	STAMMWÜRZE	ALKOHOL	IBU
20 l	12,0 °P	4,9 %	8,5

SCHÜTTUNG

PILSNER MALZ	WEIZENMALZ	SAUERMALZ	HAFERFLOCKEN	WEIZENFLOCKEN
2000 g	300 g	300 g	300 g	300 g

MAISCHPROGRAMM

EINMAISCHEN MIT 10 L WASSER BEI 45 °C
45 °C — 20 MINUTEN RAST
55 °C — 30 MINUTEN RAST
72 °C — 30 MINUTEN RAST
NACH JODPROBE ABMAISCHEN BEI 78 °C

LÄUTERN

CA. 15 L NACHGUSS
(78 °C WARMES WASSER)

KOCHEN

KOCHZEIT 60 MINUTEN

HOPFEN

6 G MANDARINA BAVARIA (9,2 % ALPHA)
25 G MANDARINA BAVARIA (9,2% ALPHA)

ZUGABE

KOCHBEGINN
WHIRLPOOL (80° C)

GÄRUNG

WIT HEFE (WHITELABS WLP-400 ODER WLP-410, WYEAST-3942, BREWFERM BLANCHE ETC.) BEI 18–21 °C

SELTENE BIERE
BRAUEREI
GOSE

INSEL-BRAUEREI

DER HEFE-GURU VON RÜGEN

Spezielle Gärverfahren, besondere Flaschenverpackung und seltene Sude: Markus Berberich errichtete auf Rügen mit seiner Insel-Brauerei einen einzigartigen Biertempel. Seine Biere sind mehrfach ausgezeichnet, auch wenn sich die Dorfbewohner anfangs ziemlich pessimistisch zeigten.

Mit dem gewickelten Papier um die Flaschen genießt die Insel-Brauerei ein Alleinstellungsmerkmal.

Malz und Hopfen gehören auch auf Rügen zu den wichtigsten Rohstoffen.

Vorsicht heißt: Ein Brauer desinfiziert mit einem Bunsenbrenner einen Schlauch.

D

Die Liebe zum Bier entdeckte Markus Berberich bereits mit 16 Jahren. An den zündenden Moment erinnert sich der gebürtige Saarländer heute noch ganz genau. Er buchte im Oktober 1985 eine Führung in einer heimischen Brauerei, die auf einem Hügel thront und einen beeindruckenden Sudhausturm aus dem Jahre 1928 besitzt. Schon damals war Berberich von dem glänzenden Kupfersudwerk mit Mosaikfußboden begeistert. Es lag Hopfenduft in der Luft, und er konnte beobachten, wie die Brauer stolz die Läuterhähne bedienten. „Das hat mich gefesselt", sagt Markus Berberich, „und von da an war mein Lebensziel klar." Anschließend übernahm er sogar einen Job in dieser Brauerei und studierte Brauwesen an der Bier-Universität in Weihenstephan.

Seine nächste Station war die Störtebeker Braumanufaktur in Stralsund. Dort führte der ehrgeizige Braumeister zwölf Jahre die Geschäfte, und Rügen wurde seine neue Heimat. Markus Berberich verliebte sich in Flora und Fauna der Ostseeinsel mit ihren Kreidefelsen und endlosen Stränden. So entschied er sich, seine Brauerei unbedingt hier und nicht in einer der brodelnden Metropolen aufzubauen, wo die neue Bierkultur gerade ihre ersten Erfolge feierte. Als passenden Standort für die Insel-Brauerei wählte Berberich schließlich das 1000-Seelen-Dorf Rambin, nur einen Steinwurf vom Festland entfernt.

Ganz so einfach gestaltete sich der Aufbau in der für die Craft-Szene eher abgelegenen Region allerdings nicht. In der Gründungsphase war Neu-Unternehmer Berberich, der sich noch die Bier- und Brauereiexperten Andries und Frans de Groen als Partner mit ins Boot holte, vor allem von der Menge an Bürokratie genervt. Hinzu kam die Distanz der Dorfbewohner, die seinem Vorhaben zu Beginn mit Skepsis gegenüberstanden. „Für die waren wir anfangs so etwas wie Außerirdische", erinnert sich der Wahlrügener. 2015 feierte er dann endlich die Eröffnung seiner eigenen, hochmodern ausgerüsteten Braustätte, die sich schon drei Monate später als profitabel erwies.

Von Beginn an setzte Markus Berberich mit seinem Team auf ganz ungewöhnliche Sude, die sie unter der Bezeichnung „Seltenes Bier" produzieren. Dabei kommen nur Spezialmalze aus Gerste, Weizen, Hafer und Roggen in den Kessel, die für attraktive Farbspiele sowie für eine samtweiche bis cremige Textur sorgen. Ungewöhnliche Espresso- oder Bitterschokoladearomen erregen dabei zusätzliche Aufmerksamkeit. Als auffällig erweist sich außerdem das ungewöhnliche Verpackungsdesign, das hierzulande ein Alleinstellungsmerkmal darstellt. Die Flaschen sind mit nassfestem Natur-Wickelpapier ummantelt, um damit einen Lichtschutz für das Bier zu garantieren.

Auch beim Hopfen setzt sich die Insel-Brauerei von vielen Mitbewerbern ab. Berberich schwört auf Naturhopfen, was bedeutet, es wird mit ganzen Dolden und nicht mit Pellets gebraut. Diese stammen größtenteils aus der bayerischen Hallertau, aber ebenso aus Japan, Neuseeland oder Australien. „So erzielen wir die beste Bittere mit feinstem Duft", schwärmt Markus Berberich, der gern auch mal einen guten Wein genießt.

Als besonderes Highlight der Insel-Brauerei gilt jedoch der Gärungsprozess. Die Biere gären in flachen, offenen Wannen, denn so können die hauseigenen Hefen völlig ohne hydrostatischen Druck ihr komplexes Duft- und Geschmackspotenzial entfalten. Das können fruchtige Aromen von Zitrus, Aprikose oder Ananas sowie würzige, rumähnliche und pfeffrige Anklänge sein. Bei jedem Bier werden jeweils zwei unterschiedliche Hefen eingesetzt. Danach folgt eine zweite Gärung im Lagertank. Das ist aber noch nicht alles. „Wir brauen nach der traditionellen Methode der Flaschenreifung", betont Markus Berberich, der mehr als 20 verschiedene Stämme in seiner Hefebank hütet.

Flaschengärung heißt, dass die obergärigen Biere der Insel-Brauerei eine bestimmte Zuckerdosage bekommen und nach der Flaschenabfüllung in einer temperierten Reifekammer bei 25 °C noch mindestens zehn Tage reifen. Durch diesen Prozess und das Naturpapier soll eine Garantie für eine lange Frische gegeben werden.

Bei den „Seltenen Bieren" aus dem Hause der Insel-Brauerei handelt es sich beispielsweise um ein knochentrockenes, weinartiges und fruchtiges Bière Brut namens „Inselkreide", das unter anderem mit Champagnerhefe vergoren ist. Es steckt auch Kreide darin, die kommt aber ganz natürlich durch das Inselwasser. Im Portfolio finden Aficionados außerdem eine „Baltic Gose", die mit Meersalz und Gewürz gebraut ist, ein 9,5-prozentiges „Baltic Triple" nach belgischem Vorbild sowie viele verschiedene India Pale Ales mit unterschiedlichsten Hopfenspielen.

Markus Berberich, der sonntags sehr gerne auf seinem Segelboot in See sticht, liebt es, immer wieder neue Biervariationen auszuprobieren. Der Erfolg mit seiner Insel-Brauerei hat ihn selbst überrascht, vor allem, wenn er an seinen ersten Brauversuch zurückdenkt. Das sei 1987 in der Küche seiner Freundin gewesen. Dort hatte er sich bei der Dosage für die Flaschenreifung verrechnet: „An einem Sonntagmorgen gab es plötzlich zwei heftige Explosionen", erinnert sich Berberich lachend, „die Flaschenscherben steckten im Küchenschrank, und ich bekam bei der Freundin Hausverbot."

Das Team der Insel-Brauerei ist spezialisiert auf Hefen. Hier wird die Gärung bearbeitet.

Schickes Gebäude: Die Brauerei in Rambin auf Rügen zeigt sich in einem schicken dunklen Ton mit glitzerndem Tank davor.

Jeden Bierdeckel ziert ein Bieretikett. Auf manchen findet man den Bezug zur Region.

Blick in den Kessel: Wer Glück hat, darf bei einer Brauereiführung mal in den Bottich schauen.

So geht's: Im Sudhaus hängt für Besucher eine übersichtliche Anleitung zum Brauprozess.

AKTION
INSEL-BRAUEREI
INSEL-BRAUEREI
BALTIC ALE
BALTIC GOSE
BALTIC DUBBEL
GERMAN COAST
EAST COAST
BEST-SELLER
#1

LOGIPACK
INSEL-BRAUEREI
4× WORLD'S BEST BEER
INSEL PILSNER

Echt gemütlich: Im urig-schicken Taproom genießt man die Biere an großen Holzfässern oder direkt am Tresen.

Markus Berberich hinter der Foto-Erinnerungswand für Besucher.

BLACK IPA

Das „Black IPA" zeigt sich nachtschwarz mit beigefarbenem Schaum. Im Aroma präsentiert es neben röstigen auch hopfig-würzige und sanft fruchtige Noten.

STAMMDATEN

AUSSCHLAGVOLUMEN	STAMMWÜRZE	ALKOHOL	IBU
20 l	16,4 °P	6,9 %	50

SCHÜTTUNG

PILSNER MALZ	MÜNCHNER MALZ	KARAMELLMALZ	WEIZENRÖSTMALZ	CHOCOLATE MALT
3500 g	1050 g	200 g	150 g	100 g

MAISCHPROGRAMM

EINMAISCHEN MIT 15 L WASSER BEI 48 °C
50 °C — 10 MINUTEN RAST
63 °C — 35 MINUTEN RAST
72 °C — 25 MINUTEN RAST
NACH JODPROBE ABMAISCHEN BEI 78 °C

LÄUTERN

CA. 12 L NACHGUSS
(78 °C WARMES WASSER)

KOCHEN

KOCHVOLUMEN 23 L
KOCHZEIT 60 MINUTEN

HOPFEN	ZUGABE
12 g MAGNUM	BEGINN KOCHEN
40 g CASCADE	WHIRLPOOL
40 g HARLEQUIN (ALTERNATIV 38 G MOSAIC PELLETS, 11,1 % ALPHASÄURE, WENN NICHT VERFÜGBAR)	WHIRLPOOL

GÄRUNG

SCOTTISH ALE (WYEAST-1728) BEI 19 °C

KARBONISIERUNG

FLASCHENGÄRUNG MIT ZUCKERLÖSUNG: 165 G ZUCKER MIT WASSER AUF 500 ML AUFFÜLLEN, KURZ AUFKOCHEN, ABKÜHLEN. 10 ML ZUCKERLÖSUNG PRO 0,5 L FLASCHE GEBEN

SCHORSCHBRÄU

HAMMER-HARTER REKORD-HALTER

Georg Tscheuschner braut im fränkischen Gunzenhausen die stärksten Biere der Welt. Mit seinem Schorschbräu spezialisierte sich der umtriebige Braumeister auf außergewöhnliche Biere, die den kräftigsten Kerl umhauen und international für Aufsehen sorgen.

Georg Tscheuschner spindelt, um
den Stand der Stammwürze zu prüfen.

Eine Glücksfigur thront
über den Edelstahlkesseln.

Einige Starkbiere von Schorschbräu
reifen für ihre Komplexität mehrere
Monate in Holzfässern.

D

Das idyllische Gunzenhausen ist nicht nur das Herz des fränkischen Seenlandes, sondern auch Geburtsort der stärksten Biere der Welt. Wenige Meter vom Stadtkern entfernt, auf der Westseite der Altmühl, befindet sich die Wirkungsstätte von Georg Tscheuschner. Mit seinem Schorschbräu pflegt der Franke hier seit 1996 traditionelles und zugleich hochinnovatives Brauerhandwerk. Dabei setzt Tscheuschner überwiegend auf Biere mit massiver Power. „Unsere handwerklich gebrauten Biere besitzen einen unverwechselbaren Charakter und sind an Genießer gerichtet, die solche Spezialitäten schätzen", wirbt der Franke für seine unvergleichlichen Gerstensäfte.

Georg Tscheuschners Biere sind nichts für schwache Gemüter. Seine Kreation mit dem geringsten Alkoholgehalt liegt bei 12,8 Prozent. Der Schorschbräu-Gründer, der eigentlich mal Lehrer werden wollte, sucht immer neue Herausforderungen. So fragte er sich einst, wie viel Alkohol eine Hefe wohl erzielen und wie viel Stammwürze er in seinem Sudhaus nach dem Reinheitsgebot schaffen könne – und kam auf die Verknüpfung seiner Basisbiere mit der sogenannten Eisbock-Methode. Heißt: Die hammerharten Schorschbräu-Sorten werden nach einem uralten Verfahren produziert und gereift.

Dafür friert Tscheuschner die bereits stark eingebrauten Grundbiere ein. Es entstehen Eiskristalle, die überwiegend aus Wasser bestehen. Das konzentrierte Bier wird von unten abgezogen, das Eis bleibt zurück. Je häufiger dieser Vorgang wiederholt wird und je niedriger die Temperaturen eingestellt werden, umso stärker wird das Bier. Durch diesen Prozess reichern sich auch spezielle Aromen an. „Die Kunst liegt darin, schon das Ausgangsbier so sauber zu brauen, dass in der Anreicherung keine negative Aromatik zu erkennen ist", untermauert der Diplom-Braumeister. Das klingt ziemlich aufwendig, und nicht jeder kann einen solch starken Trunk vertragen. Aber Tscheuschner schwärmt: „Als kleine Nischenbrauerei kann ich mit dieser Spezialisierung gut existieren."

Dass „Schorsch" Tscheuschner seit 2004 auf solche flüssigen Wuchtbrummen setzt, hat einen schlichten Grund. Zahlreiche Brauereien drückten ihre Biere damals mit niedrigen Preisen in die fränkische Ferienregion. „Ein schwieriger Markt und nur halbwegs herzeigbare Erträge zwangen mich dazu, mein Konzept zu überdenken", erinnert sich der Brauer, der hobbymäßig auch eine kleine Fischzucht betreibt. Schon länger schwebte der Gedanke in seinem Kopf, die Biere überregional anzubieten, um das fränkische Haifischbecken zu umgehen. Dazu brauchte er allerdings ein haltbares Produkt und einen größeren Hektoliterausschuss. Mit üblichen Bockbierprozenten von 6,5 bis etwa 8,5 gab er sich nicht zufrieden. Er befasste sich mit Starkbierrezepturen, tüftelte viel und erlebte einige Rückschläge bei seinen Versuchen. Seinen ersten elfprozentigen Sud nannte er „Donnerbock". „Von da an begann meine Starkbierreise", sagt Georg Tscheuschner. Inzwischen habe er dafür die gesamte Produktion umgestellt und kann seitdem immer neue Alkoholrekorde verzeichnen.

Als legendär in der internationalen Bierszene gilt der beispiellose Kampf des Franken gegen die schottischen Punk-Brauer von Brewdog um die begehrte Trophäe, das stärkste Bier der Welt zu brauen. Der Waffengang begann, als die Highlander den 31-prozentigen Eisbock von Georg Tscheuschner mit ihrem 32-prozentigen „Tactical Nuclear Penguin" attackierten. Der Franke konterte umgehend mit 40 Umdrehungen. Daraufhin legte Brewdog mit einem 41-prozentigen Sud unter dem Namen „Sink the Bismarck" nach.

Doch zeigte sich Tscheuschner unbeeindruckt und legte mit einem weiteren Bock nach, der mit 43 Prozent den Gegner erneut in die Schranken verwies. Prompt folgte der Konter: Mit ihrem 55-prozentigen „The End of History" läuteten die Schotten das Ende der Kampfhandlungen ein. Aber der ehrgeizige Schorsch nahm den Fehdehandschuh nochmals auf: Mit seinem „Schorschbock 57" und knallharten 57 Alkoholprozenten brach er alle Rekorde und gilt bis dato als Sieger des Scharmützels.

Abseits dieses Getümmels mischten sich weitere internationale Brauereien ein, die allerdings im Wettbewerb nur wenig Beachtung fanden, da die Macher reinen Alkohol in den Sud kippten und das Ergebnis somit auch nicht dem gängigen Verfahren nach dem Reinheitsgebot entspricht. Der Wettlauf zwischen Schorschbräu und Brewdog nahm schließlich eine unerwartete Wendung: 2020 schlossen die beiden Starkbrauer einen Burgfrieden, um gemeinsam „Strength in Numbers" mit 57,8 Prozent Alkohol zu

Braumeister Tscheuschner reinigt den Sudkessel.

entwickeln. Da es sich bei dieser Kooperation jedoch lediglich um einen einzigen Brauversuch handelte, gilt Schorsch Tscheuschner mit seinem „Schorschbock 57" noch immer als alleiniger Rekordhalter.

Der ehrgeizige Franke führt aber nicht nur solch massive Biere im Portfolio. Zu seinen Standards gehören der „Schorschbock" mit Aromen von roten Beeren und das „Schorschweizen" mit reifen Bananen-, Pfirsich- und Kirschnoten – beide mit 13 Prozent Alkohol. Mit seinem kernig-malzigen „Schorschbock 16" hält er einen weiteren Rekord. Es ist das stärkste Lagerbier der Welt. Ein anderes Highlight ist das dunkelrote „Schorsch Rubin" mit 12,8 Prozent, dichter Struktur und komplexen Aromen von Kandiszucker, getrockneten Früchten und etwas Röstmalz. Georg Tscheuschner ist stolz auf seine Kreationen und verspricht: „Biere aus dem Hause Schorschbräu wird es unter zwölf Prozent nicht geben, wir bleiben stark – für immer."

Tscheuschner öffnet das Fass und entnimmt mit einer großen Pipette eine Probe.

Der Schorsch ist für jeden Spaß zu haben.

Das Dinkel-Weißbier führt Tscheuschner zwar gerade nicht im Sortiment, überlegt aber, es wieder neu aufzulegen.

WEISSBIER MIT DINKEL

Das Weißbier zeigt sich in einem trüben Goldton und mit einem weißen Schaum. Im Aroma präsentiert es malzige, würzige und fruchtige Noten.

STAMMDATEN

AUSSCHLAGVOLUMEN	STAMMWÜRZE	ALKOHOL	IBU
20 l	12,8 °P	5,5 %	14

SCHÜTTUNG

PILSNER MALZ	WEIZENMALZ	CARAHELL GERSTENMALZ	DINKELMALZ
1440 g	1260 g	360 g	540 g

MAISCHPROGRAMM

EINMAISCHEN MIT 12 L WASSER BEI 37 °C
45 °C — 15 MINUTEN RAST
54 °C — 10 MINUTEN RAST
62 °C — 30 MINUTEN RAST
67 °C — 10 MINUTEN RAST
72 °C — 30 MINUTEN RAST
NACH JODPROBE ABMAISCHEN BEI 77 °C

LÄUTERN

CA. 12 L NACHGUSS
(78 °C WARMES WASSER)

KOCHEN

KOCHZEIT 60 MINUTEN

HOPFEN

12 G SPALTER PERLE

ZUGABE

KOCHBEGINN

GÄRUNG

W-68 BEI MAX. 20 °C

AUF ST.

ÜBERQUELL

HOPFENSPIELE AUF ST. PAULI

Axel Ohm gilt als Mitbegründer der deutschen Craftbier-Bewegung. Anfangs zog er einen Braugasthof mit internationalen Bierspezialitäten in Hamburg hoch, entwickelte eines der ersten Craftbier-Feste der Nation und gründete wenig später die ÜberQuell Brauwerkstätten auf St. Pauli.

Axel Ohm genießt zum Feierabend gern mal ein Bier im Brewpub.

Den ersten Wow-Effekt mit Bier erlebte Axel Ohm 1984 in den USA. Dort trat er bei einem Windsurfing World Cup in San Francisco an und war begeistert von dem Sponsorenbier, das aus einer Craft-Brauerei stammte. „Das dortige Lagerbier war etwas dunkler in der Farbe, es roch intensiver, und nach dem ersten Schluck war ich sofort hin und weg“, erinnert sich der Profisurfer, der seine Freizeit immer noch am liebsten auf seinem Board verbringt.

Sein beruflicher Weg zum Bier kam jedoch erst etwas später über den Weingenuss. Axel Ohm zog im Jahr 2000 nach Südafrika, wo er elf Jahre seines Lebens verbrachte. Ein Freund schleppte ihn dort auf die führenden Weinfarmen und zeigte ihm, wie er bei einer Verkostung am besten Duft und Geschmack analysiert. „Jeder kennt die Situation“, sagt Ohm, „wenn man es einfach nicht schafft, die sensorischen Eindrücke in richtige Worte zu fassen.“ Seit den Erfahrungen in Südafrika schnupperte er an allen Getränken sowie Lebensmitteln und absolvierte schließlich eine Ausbildung zum Biersommelier.

Zur selben Zeit, als Weltenbummler Ohm in Südafrika weilte, entstanden dort die ersten Kreativbrauereien. Als Genussmensch fand er das spannend und probierte sich durch die wachsende Biervielfalt. Dabei fiel es ihm nicht schwer, die unterschiedlichen Aromen und Typologien der neuartigen Gerstensäfte zu verstehen. Eher überraschte es ihn, dass weltweit mehr Bier- als Weinstile existieren. Diese Erkenntnis beschreibt Ohm, der zeitweilig auch als Marketing-Mann arbeitete, als wichtiges Schlüsselerlebnis für die Gründung seiner heutigen ÜberQuell Brauwerkstätten, die in den Hamburger Riverkasematten zwischen Fischmarkt und Landungsbrücken liegen.

Schon bevor Axel Ohm mit seinem Team, mit Braukesseln und Pizzaofen im Domizil auf St. Pauli einzog, machte er sich einen Namen als Wegbereiter der deutschen Craftbier-Bewegung. Mit seinem Geschäftspartner Patrick Rüther, ein bekannter Gastro-Profi, baute er nach seinem Südafrika-Intermezzo das Alte Mädchen in den Hamburger Schanzenhöfen auf. Diese Location gilt als einer der ersten modernen Braugasthöfe mit internationaler Biervielfalt. Dass eine Bierkarte mit Geschmacksbeschreibungen und Rohstoffangaben auslag, war damals absolutes Neuland. So konnte auch das Personal zu jeder Speise ein passendes Bier empfehlen. In den Schanzenhöfen veranstaltete Ohm mit den „Craft Beer Days“ hierzulande außerdem eines der ersten Kreativbier-Festivals.

Doch dann kippte irgendwann das Verhältnis mit dem Besitzer des Alten Mädchens. Ohm und Rüther waren sich einig: Die Zeit war reif für etwas Eigenes. So gründeten die Hamburger 2016 die ÜberQuell Brauwerkstätten mit Brewpub, Biergarten und einem Restaurant, das sich auf neapolitanische Pizzen spezialisierte. Pizza funktioniert immer, aber bis das Biergeschäft in den Brauwerkstätten richtig anrollte, dauerte es noch einige Zeit. „In der Gründungsphase haben wir uns eigentlich deutlich mehr Dynamik erwartet“, erinnert sich Axel Ohm, „dafür wissen wir heute, wie enorm aufwendig es ist, eine neue Marke im Bierland Deutschland zu etablieren.“
Das Durchhalten hat sich jedoch gelohnt. Axel Ohm und seine Mannschaft sind mit ÜberQuell inzwischen fester Bestandteil der deutschen Craftbier-Szene. Die Hamburger Marke fällt nicht nur wegen ihrer coolen Events und der besonderen Biere auf, sondern auch wegen ihrer ungewöhnlichen Sortennamen. Im Sortiment führen sie etwa ein aromatisches Pale Ale namens „Palim Palim“, das fruchtig-herbe India Pale Ale „Supadupa“ oder ein kräftiges Imperial Stout mit der lässigen Bezeichnung „Schubidu“. Das Alkoholfreie heißt passend zum Hamburg-Slang „Pillepalle“.

Ohm und seine Sudzauberer lieben es zu experimentieren. So gibt es neben den Standardprodukten einige saisonale Sorten sowie limitierte Sondersude. Zum Hausbier wählten die Hanseaten das Original Helles. „Mit dieser Entscheidung sind wir sogar Trendsetter hier im Norden, wo traditionell eigentlich Pils angesagt ist“, freut sich Ohm.

Aber obwohl das Helle inzwischen auch nördlich des Weißbieräquators immer beliebter wird, ist der ÜberQuell-Chef besonders stolz auf sein „Bambule Pils“. Zwei Jahre tüftelte sein Team an dem perfekten Rezept, das Ohm als wahre „Königsdisziplin“ beschreibt. Dabei wollte

Der ÜberQuell-Gründer ist stolz auf seine Brauwerkstatt mit gemütlich-schickem Brewpub, wo er selbst gerne sitzt.

An der Bar sind alle Zapfhähne beschriftet, damit das richtige Bier im Glas landet.

Wer will kann ein Probierbrett mit fünf verschiedenen Bieren bestellen.

ÜberQuell füllt alle Biere in Flaschen mit schicken Etiketten.

Kleine Details im Pub erfreuen die Gäste.

Die Tanks im Biergarten wurden liebevoll bunt bemalt.

er sich unbedingt geschmacklich von anderen Brauereien absetzen. „Pils ist immer noch das beliebteste Bier der Deutschen, und in diesem Umfeld eine eigene Variante zu entwickeln war extrem schwer“, betont der Hanseat. Das Konzept ging auf: Mit dem „Bambule Pils“ sahnte er gleich nach Markteinführung Anfang 2022 eine der höchsten Auszeichnungen beim International Craft Beer Award ab. So entwickelt sich Ohms ÜberQuell-Brauerei weiterhin hochdynamisch. Während in der Anfangszeit der Craftbier-Bewegung etwa Bierstile, Rohstoffe und herausragend kreative Sude bedeutsam waren, setzt sich der Hamburger heute neue Ziele: „Inzwischen sind für uns auch Themen wie Regionalität, Energie, Klimaschutz und Wasserqualität von besonderer Bedeutung.“

Kreatives Bier direkt auf St. Pauli mit Blick auf die bunten Kessel genießen, an denen im Sommer Hopfen hochwächst, lädt zum Verweilen ein.

PALIM PALIM PALE ALE

Das Pale Ale zeigt sich in einem dunklen Orange und mit einem beigefarbenen Schaum. Im Aroma präsentiert es Noten von Toffee und Zitrusfrüchten.

STAMMDATEN

AUSSCHLAGVOLUMEN	STAMMWÜRZE	ALKOHOL	IBU
20 l	12,5 °P	5,3 %	39

SCHÜTTUNG

PILSNER MALZ	MÜNCHNER	WEIZENMALZ	CARAMEL DUNKEL
3000 g	50 g	250 g	250 g

MAISCHPROGRAMM

EINMAISCHEN MIT CA. 15 L WASSER MIT 53 °C
53 °C — 10 MINUTEN RAST
64 °C — 15 MINUTEN RAST
73 °C — 20 MINUTEN RAST
NACH JODPROBE ABMAISCHEN BEI 78 °C

LÄUTERN

CA. 12 L NACHGUSS
(78 °C WARMES WASSER),
BIS ZIELKONZENTRATION VON
12,5 °P ERREICHT IST

KOCHEN

KOCHZEIT 75 MINUTEN

HOPFEN	ZUGABE
4 g EAST KENT GOLDING	BEGINN KOCHEN
6 g CASCADE	15 MINUTEN NACH KOCHBEGINN
12 g CASCADE	10 MINUTEN VOR KOCHENDE
8 g EAST KENT GOLDING	5 MINUTEN VOR KOCHENDE
12 g CASCADE	WHIRLPOOL
8 g EAST KENT GOLDING	WHIRLPOOL

GÄRUNG

NOTTINGHAM-HEFE BEI 18–20 °C

KALTHOPFEN

BEI 14°C	
40 g CASCADE	5–10 TAGE
12 g EAST KENT GOLDING	5–10 TAGE
16 g SIMCOE	5–10 TAGE

Hellerbräu Felsenkeller

RAUCHBIERBRAUEREI SCHLENKERLA

EHRWÜRDIGE KULTSTÄTTE

Ein Bier, das über eine 600-jährige Geschichte verfügt, gilt heute zu Recht als wahres Kultgetränk. Produziert wird es von der Rauchbierbrauerei Schlenkerla in Bamberg, die zu den letzten ihrer Art zählt. Dort wird das Getreide noch selbst gedarrt und die Spezialitätensude nach alter Tradition ausgeschenkt.

Das Barometer am Kupferkessel zeigt den Druck.

Farb- und Trübungskontrolle am Sudkessel.

Probennehmen und ständige Kontrolle sind ein Merkmal für die hohe Qualität.

W

Was Matthias Trum am meisten am Bier fasziniert, sind die spannenden Geschichten, die hinter den Stilen, Sorten und dessen Herstellung stecken. So sieht der diplomierte Braumeister es als einen echten Glücksfall an, dass er die historische Rauchbierbrauerei Heller in sechster Generation führen darf – die national und international wohl besser unter der Marke Schlenkerla bekannt ist. Das historische Fachwerkgebäude, das im Jahre 1405 erstmals urkundlich als „Haus zum blauen Löwen" erwähnt wurde, liegt zwischen engen Gassen inmitten der Bamberger Altstadt. Hinter türkisgrünen Fensterläden hat sich seitdem zwar einiges verändert, doch traditionelles Rauchbier wird hier noch immer aus speziellen Eichenholzfässern gezapft. „Ich bin froh, dass meine Vorfahren über viele Generationen hinaus die Rauchbierbrauerei mit ihrem ursprünglichen Herstellungsverfahren so erhalten haben", sagt Matthias Trum, dessen Kinderzimmer genau über der früheren Stube des jetzigen Brauereiausschanks lag.

Unter den ehemals 68 historischen Braustätten in Bamberg ist Schlenkerla mittlerweile einer der letzten Biertempel der Stadt, die bis dato nach alter Rauchbiertradition ihre Sude brauen. Dabei dauerte es einige Jahrhunderte – zahlreiche Kriege und Besitzer später –, bis der Betrieb überhaupt seinen heutigen Namen bekam. Noch im späten 19. Jahrhundert leitete ein gewisser Andreas Graser die Geschäfte. Dieser wurde einst angeblich von einem Pferdewagen überfahren und schwer verletzt. Eine Bamberger Reimchronik erklärt die folgende Namensgebung: „Weil er gern mit seina Orm a wengla gschlenkert hot, drum hom's ihn Schlenkerla getauft – aus Übermut und Spott."

Im Jahr 1907 übernahm Michael Graser, der Sohn, das väterliche Erbe. Er erwarb zur Wirtstube noch das frühgotische Kreuzgewölbe des einstigen Dominikanerklosters hinzu. Seit mehr als 15 Jahren steht nunmehr der studierte Braumeister Matthias Trum, ein passionierter Klavierspieler, an der Spitze des ehrwürdigen Unternehmens. Sein größter Triumph: Er schaffte es mit „Aecht Schlenkerla" sogar, als Passagier in der „Arche des Geschmacks" von Slow Food aufgenommen zu werden – eine für Brauereien eher seltene Auszeichnung und ein Beweis dafür, dass die Rezepturen bis heute absolut einmalig in der Welt der Biere sind.

Da schon Trums Vorfahren an die Grenzen ihres Erfolgs stießen, mussten sie früh die gesamte Bierproduktion aus Platzmangel an den Bamberger Stephansberg auslagern, etwa zehn Gehminuten vom traditionellen Brauereiausschank entfernt. Mit der Zeit wurde zwar immer mehr modernisiert, aber der Traditionsgedanke niemals fallen gelassen. Geblieben ist die hauseigene Mälzerei, um das Getreide nach herkömmlicher Art zu darren. Beim Schlenkerla dauert der Prozess zwischen 24 bis 28 Stunden. Durch das besondere Malz erhalten die Biere ihr spezielles Raucharoma, das unbedarfte Genießer an Speck erinnert.

Die Schlenkerla Wirtschaft mit ihrem Kreuzgewölbe ist sowohl für Bamberger als auch für Touristen ein beliebter Einkehrort.

Matthias Trum ist stolz, dass er das Vermächtnis seiner Vorfahren weiterführen durfte. Als er das Zepter in die Hand nahm, war ihm dennoch klar, dass er auch etwas Zeitgemäßes entwickeln musste. So trumpft Schlenkerla neben den Flaggschiffen „Rauchmärzen“ und „Rauchlager“ mit saisonalen Highlights auf. Im Sommer warten Bierfans auf das sogenannte Kräusen. Dafür benutzt Braumeister Michael Hanreich den Schaum vom Märzen, der bei der Gärung des Jungbieres auftritt, um das bereits lange gelagerte Helle nach alter Art aufzukräusen. Ein anderer Saisonstar ist das „Aecht Eiche“. Während das Schlenkerla-Team überwiegend Buche verheizt, wird nur für die Wintermonate das Getreide auch mal mit Eichenholz gedarrt, um einen 8-prozentigen Rauchmalzbock hervorzubringen. Nach dem Produktionsprozess reifen alle Schlenkerla-Biere zunächst im tiefen Felsenkeller unter der Brauerei, bevor sie aus dem Zapfhahn laufen. „Wir lassen unseren Bieren mindestens acht Wochen Zeit, damit sie ihr einzigartiges Aroma erst so richtig entfalten können“, betont Braumeister Michael Hanreich freudig.

Zu den neuesten Spezialitäten zählen außerdem die ungewöhnlichen „Heinzlein“-Sorten. Mit nur 0,9 Prozent Alkohol, feinem Aromahopfen und spritziger Frische sieht Schlenkerla-Chef Trum dieses Bier als idealen Durstlöscher. Er selbst genießt es am liebsten im Sommer bei heißen Temperaturen oder auch mal tagsüber als aromatisches Lifestyle-Getränk.

Eine wirkliche Besonderheit beim Schlenkerla ist neben den Bieren die klassische Holzfassabfüllung. Im Felsenkeller der Brauerei füllt ein Team die Fässer, die bestenfalls im Anschluss gleich im Wirtshaus angezapft werden. So laben sich sogar schon vormittags Einheimische und Touristen in den historischen Wänden oder vor dem Fachwerkgebäude an mehreren „Seidlas“ (0,5-Liter-Gläsern) Rauchbier. Trotz all der Tradition verrät der Brauereichef, der einst seine Diplomarbeit ganz im Sinne der Schlenkerla-Philosophie über Brauhistorie schrieb: „Unsere Schublade mit spannenden Rezepturen und historischen Bierstilen ist prall gefüllt.“

Brauereichef Matthias Trum checkt die Fässer, die frisch gefüllt in die Schänke kommen.

Ein Mitarbeiter füllt die Fassware.

FRÄNKISCHE SPEZIALITÄT

Die „Bamberger Zwiebel“ gilt als Traditionsgericht der fränkischen Domstadt. Das Gericht verbindet zwei kulinarische Spezialitäten der Region: die birnenförmige Zwiebel, bei der es sich um eine nur hier gezogene, uralte Kultursorte handelt, und das besondere Rauchbier als Grundlage für die Sauce. So geht's:

ZUTATEN:

4
GROSSE ZWIEBELN

250 g
SCHWEINEFLEISCH

100 g
GEKOCHTEN, GERÄUCHERTEN SCHWEINEBAUCH

4
SCHEIBEN ROHEN RÄUCHERBAUCH

$^1/_4$ l
AECHT SCHLENKERLA RAUCHBIER

SALZ, PFEFFER, MUSKAT, MAJORAN, GEHACKTE PETERSILIE

3
EIER

2
BRÖTCHEN

2 El
BRATENFOND

ZUBEREITUNG:

Zwiebeln schälen und vom Wurzelende aus einen ein Zentimeter dicken Deckel abschneiden. Zwiebel so aushöhlen, dass ringsherum eine Wand von etwa ein Zentimeter bleibt. Schweinefleisch und gekochten Bauch mit dem Ausgehöhlten der Zwiebeln durch den Fleischwolf drehen. Die Masse mit Brötchen, Eiern, Gewürzen und Petersilie mischen. Zwiebeln damit füllen und diese mit etwas Wasser im offenen Topf im Ofen für rund 45 Minuten bei 200 Grad garen. Räucherbauchscheiben scharf anbraten, auf die Zwiebeln legen und den Zwiebeldeckel darüber geben. Die Bratflüssigkeit mit dem Bratenfond verrühren, mit Mehl binden, mit Salz und Pfeffer abschmecken und das Rauchbier da zugießen. Bamberger Zwiebeln werden mit Kartoffelbrei oder Salzkartoffeln serviert.

MAT DE

EINBECKER BRAUHAUS

BOCK AUF BOCK

Das Einbecker Brauhaus in Niedersachsen gilt als Geburtsstätte des Bockbieres. Von der Ursprungsversion des starken Sudes soll einst schon Martin Luther begeistert gewesen sein. Christoph Benseler, einer der Dirigenten der Kultstätte, beweist mit seinem Team, dass sich Tradition mit modernem Biergeschmack durchaus kombinieren lässt.

In der Füllerei kontrolliert ein Mitarbeiter die Fassanlage.

E

Es war nicht München, Berlin oder Hamburg: Mit 742 amtlich registrierten Brauherren war das niedersächsische Einbeck, zwischen Hannover und Kassel gelegen, einst Deutschlands Biermetropole schlechthin. Bereits im 14. Jahrhundert florierte hier ein schwunghafter Handel mit kräftigen Gerstensäften. Die Überproduktion kaufte der Rat der Stadt den Brauern ab und vertrieb das Bier landesweit, trat schließlich der Hanse bei und verschiffte es auch in Länder wie England, Lettland oder Russland. Die älteste, noch vorhandene Rechnung für zwei Tonnen Einbecker Bier nach Celle ist auf den 28. April 1378 datiert. Dieses Jahr gilt gleichzeitig als Gründungsdatum des Einbecker Brauhauses.

Im 15. und 16. Jahrhundert wurde das Ainpöckisch, das so viel bedeutet wie Einbecker, als gesundes und wegen des hohen Alkoholgehalts als lange haltbares Lebensmittel angesehen. Sogar Martin Luther, der ein begnadeter Biertrinker war, soll einst begeistert gesagt haben: „Der beste Trank, den einer kennt, der wird Ainpöckisch Bier genennt." Wegen der schon damals hohen Qualität, wohl aber auch wegen ihrer beglückenden Stärke, waren die norddeutschen Böcke ebenfalls bei bayerischen Herzögen und Fürsten hoch begehrt. Das Bier schmeckte ihnen so gut, dass sie der Legende nach 1612 einfach einen Braumeister aus Einbeck abwarben, der den Trunk in München „nach einpöckscher Brauart", so die damalige Bezeichnung, produzieren musste. Aus der bayerischen Mundart formierte sich aus dem altdeutschen Wort irgendwann das „Bockbier". Der Bierstil hat also nichts mit dem gehörnten Herdentier gemein. Tatsache ist jedoch, dass nicht Bayern, sondern das Einbecker Brauhaus den Ruf als Geburtsort des Bockbieres genießt. Das damalige Team am Sudkessel soll das erste gewesen sein, das es schaffte, ein starkes Bier mit einer Stammwürze von mindestens 16 Prozent zu produzieren. Heute gilt dieser Wert als strenge Vorgabe für ein Bockbier. Für eine solche Stammwürze, die übrigens die gelösten Stoffe aus Hopfen und Malz vor der Gärung darstellt, benötigt

Der Slogan auf dem Brauereigebäude erzählt Geschichte: Ohne Einbeck gäbe es kein Bockbier.

der Brauer eine Malzgabe von rund 23 Kilogramm pro Hektoliter. Ein klassisches Bockbier besitzt dann in der Regel einen Alkoholgehalt von mehr als 6 Prozent, ein Doppelbock um die 7 Prozent oder mehr, bei vorgeschriebenen 18 Prozent Stammwürze.

Über Jahrhunderte war das Brauhaus dem Bockbier treu geblieben – und ist es immer noch. Vor etwa 200 Jahren wurden die Braurechte zusammengelegt, und das heutige Einbecker Brauhaus wurde zur einzig verbliebenen Brauerei in der Fachwerkstadt. In den 1960ern wandelten die Inhaber das Traditionshaus in eine Aktiengesellschaft um, die nach beschwerlichen Krisen nach der Jahrtausendwende zeitweilig ins Wanken kam. Doch dann investierten die Einbecker in modernste Brau- und Abfülltechnik, besannen sich auf alte Rezepturen und erlebten seitdem – dank hoher Bierqualität – eine wahre Bierrenaissance.

Zu den Machern der jüngeren Erfolgsgeschichte zählt Christoph Benseler, der seit 2018 den gesamten Brauprozess verantwortet. Für den Diplom-Braumeister und Biersommelier, der selbst

In dem Edelstahlsudhaus produziert die Braumannschaft mehrere Tausend Hektoliter feinstes Bockbier im Jahr.

Hunderte gefüllte und etikettierte Flaschen laufen hier vom Band.

im Harz aufwuchs und nach seinem Studium in Weihenstephan zeitweilig bei der Privatbrauerei Schönram und bei Paulaner tätig war, ist es „wie ein Sechser im Lotto, in so einem Traditionshaus zu arbeiten“. Neben dem Brauen kümmert er sich außerdem um alle Prozesse innerhalb der Produktionskette, von der Rohstoffwahl über die Abfüllung bis hin zur kompletten Logistik.

Seit seinem Antritt in Einbeck hat sich vieles getan. Benseler, der selbst am liebsten zum Pils greift, legte gleich ein paar neue Bockbiere auf. Sein erstes Werk war der 7,5-prozentige „Winter-Bock“, der sich vollmundig und mit Noten von Karamell, Dörrfrüchten und gebrannten Mandeln auf der Zunge zeigt. Diesen kräftigen Bock gab das Team um den Braumeister, der zum Leitungstrio unter dem Vorstand gehört, in einer limitierten Menge zur nachträglichen Veredelung noch mehrere Monate in ein Tennessee-Whiskey-Fass. Der Bock präsentiert nun weiche, aber deutliche Holz- und Kokosnussaromen. Zudem schlummerte eine weitere Spezialversion für mehr als sechs Jahre im dunklen, mittelalterlichen Gewölbekeller des historischen Rathauses am Marktplatz – bei konstant kühler Temperatur. Dieser flaschengereifte Jahrgangsbock bietet Alterungsnoten von Holz, Mandel, Amarena-Kirsche und einen Anklang von süßlichem Sherry auf.

Mit solchen Bieren beweist die Mannschaft des Einbecker Brauhauses, dass sie zugleich ihre Tradition bewahrt, aber mit ganz besonderen Spezialitäten offen ist für neue Wege. Bei all ihren Experimenten halten die Niedersachsen jedoch hartnäckig am deutschen Reinheitsgebot fest. Für Braumeister Christoph Benseler ist das kein Hindernis: „Gerade die Arbeit mit natürlichen Rohstoffen und die Entwicklung neuer Bierkreationen bringt immer wieder Überraschungen mit sich.“

Eingang zum Biererlebnis: Wer tiefer in die Bockbiergeschichte eintauchen möchte, der sollte unbedingt mal eine Brauereiführung mitmachen.

Teile der Brauerei besitzen Museumscharakter. Sogar Martin Luther, der einst Einbecker Bier genossen haben soll, hängt an der Wand.

UR-BOCK DUNKEL

Das „Ur-Bock“ zeigt sich in einem Mahagoniton und mit einem beigefarbenen Schaum. Im Aroma präsentiert es süßliche und röstige sowie Schokolade- und Vanillenoten. Hinzu gesellt sich eine gewisse Hopfenbittere.

STAMMDATEN

AUSSCHLAGVOLUMEN	STAMMWÜRZE	ALKOHOL	IBU
20 l	16 °P	6,5 %	36

SCHÜTTUNG

PILSNER MALZ	MÜNCHNER MALZ	WEIZENMALZ	CARAMEL DUNKEL
2500 g	3500 g	250 g	250 g

MAISCHPROGRAMM

EINMAISCHEN MIT 16 L WASSER BEI 45 °C
45 °C — 20 MINUTEN RAST
55 °C — 15 MINUTEN RAST
64 °C — 45 MINUTEN RAST
72 °C — 20 MINUTEN RAST
78 °C — 20 MINUTEN RAST
NACH JODPROBE ABMAISCHEN BEI 78 °C

LÄUTERN

CA. 16 L NACHGUSS
(78 °C WARMES WASSER)

KOCHEN

KOCHZEIT 60 MINUTEN

HOPFEN	ZUGABE
66 g HALLERTAUER MITTELFRÜH	BEGINN KOCHEN
33 g HALLERTAUER MITTELFRÜH	ENDE KOCHEN

GÄRUNG

LAGERHEFE BEI 8–12 °C

150–200 G TROCKENMALZ / MALZEXTRAKT FÜR FLASCHENGÄRUNG

DOPPELLEU BRAUWERKSTATT

CHAMPIONS DES SCHWYZERLANDS

Philip Bucher und Jörg Schönberg führen mit der Doppelleu Brauwerkstatt die wohl bekannteste Craftbier-Brauerei in der Schweiz. Lange beobachteten die Quereinsteiger den noch jungen Markt, bis sie den Schritt zur eigenen Wirkungsstätte wagten. Seit dem Start schreiben sie eine Erfolgsgeschichte nach der anderen.

CHOPFAB

D

Die Schweiz gilt mit mehr als 1000 Brauereien bezogen auf rund 8,5 Millionen Einwohner als Bierland schlechthin. Im Osten von Winterthur, nordöstlich von Zürich und unweit der deutschen Grenze gelegen, befindet sich in einem Industriegebiet eine der bekanntesten und ausgezeichnetsten Braustätten der Nation. Die Rede ist von der Doppelleu Brauwerkstatt, die 2012 von Philip Bucher und Jörg Schönberg gegründet wurde. Die Idee zur eigenen Brauerei ließen die bierbegeisterten Unternehmer allerdings einige Jahre reifen. „Schlüsselmoment war der Durchbruch der ausländischen Craftbiere in der Schweiz etwa in 2011“, verrät Bucher, „das war der Trigger für uns, dass die Zeit für eine professionelle Craftbier-Brauerei bei uns gekommen war.“

Zwei Jahre später feierte die Doppelleu Brauwerkstatt ihre Eröffnung. Mit einem Braumeister tüftelten die beiden Brauereipartner an ihren Kreationen mit klarem Fokus auf insprierende Bierspezialitäten. Noch im selben Jahr standen die ersten Sorten unter den Labels Doppelleu, eine Würdigung an das Stadtwappen mit zwei Löwen, und Chopfab, das schwyzerisch so viel bedeutet wie Kopf ab. „Das soll eine Referenz an das Glücksgefühl sein, das der Bierliebhaber erlebt, wenn er eine Flasche öffnet“, akzentuiert Philip Bucher, der einst Maschinenbau studierte und lange als Marketing Officer in internationalen Firmen arbeitete.

Zu Beginn setzten Bucher und Schönberg, die schon im vorherigen Job langjährige Kollegen waren, noch auf gebrauchte Braumaschinen. Während der Inbetriebnahme gab es viele Herausforderungen, weil nicht alles gleich immer so funktionierte, wie die Schweizer Unternehmer erhofften. „Nachdem wir die Technik einigermaßen im Griff hatten, liefen Produktion und Markteinführung tatsächlich recht reibungslos ab“, sagt Jörg Schönberg.

Der schweizerische Craftbier-Markt stand damals noch in den Anfängen. Aber die Nachfrage stieg rasant, sodass es sich anfangs für die Gründer als kompliziert erwies, die erforderlichen Biermengen zu produzieren. So mussten die Doppelleu-Macher, die schon früh einen Design-Award für den gesamten Markenauftritt erhielten und inzwischen mehr als 70 Mitarbeiter registrieren, bereits 2015 kräftig aufrüsten. Ein neues Sudhaus wurde installiert und die Abfüllung erweitert. Ein Jahr später gewannen Bucher und Schönberg einen Schweizer Jungunternehmerpreis in der Kategorie „Produktion und Gewerbe“. In 2017 fusionierten die Kreativstars der Schweizer Craftbier-Szene mit der Bière du Boxer aus Yverdon-les-Bains an der östlichsten Spitze des Neuenburgersees, der größten unabhängigen Brauerei im Westen des Landes, die einst von einem Hundezüchter gegründet wurde.

Mit dem Dazugewinn von Boxer führt die Doppelleu Boxer AG seitdem drei spannende Marken mit unterschiedlichen Bieren im Sortiment. Unter Boxer fallen eher traditionelle Biere wie etwa ein Schweizer Lager, ein bayerisches Dunkles oder ein Wiener Lager. Unter dem Label Chopfab laufen sowohl American Red Ale, Australian Pale Ale oder ein hopfenbetontes Helles mit fruchtigem Aroma durch die Hopfensorten Kazbek und Cascade.

Als besonders kreativ gelten jedoch nach wie vor die Sude von Doppelleu. Hier finden Bier-Aficionados etwa ein „Citra Double Wit“ mit exotischen Fruchtaromen, ein India Pale Ale mit Zitrusaromen und knackiger Bitterkeit durch Simcoe- und Chinook-Hopfen sowie ein rot glänzendes „Oak Wood Red Ale“, das auf getoastetem Eichholz gereift ist. Die Schweizer Brauer lieben es innovativ, wie ihre „Brewmaster Limited Edition“ beweist, die immer wieder mit einem anderen Hopfen überrascht.

Hopfen ist einer der wichtigsten Rohstoffe für die kreativen Biere von Doppelleu Boxer. Rund 25 Sorten sind kalt gehopft. Dafür schießt das Brauteam nach der Lagerung mit der sogenannten Hop Gun noch mal Aroma in das Bier. Heißt: Mit diesem Gerät wird Hopfen gleichmäßig mit dem Bier durchgespült – bei diesem Prozess bittert der Hopfen nicht mehr, sondern intensiviert das Aroma. Die Hop Gun nutzt die Craftbier-Brauerei aber nicht nur mit Hopfen, sondern auch mit Vanille, Kakao, Tonkabohnen, Orangen, Zimt, Wacholder, Minze oder Basilikum. Diese alternativen Zutaten kommen überwiegend bei den „Brewmaster Editions“ zum Einsatz und sind höchst legal. Ein Reinheitsgebot existiert in der Schweiz nicht.

Doppelleu-Chef Bucher freut sich über die Vielfalt und die Qualität aus seinem Hause. So gibt es kaum ein Bier aus der Brauwerkstatt, das noch keine internationalen Preise abräumte. Mehrfach wurde Doppelleu auch schon beim International Craft Beer Award zur „Brauerei des Jahres International“ ausgezeichnet. „Kreative Biere sind einfach faszinierend“, sagt Bucher, „deshalb sind sie für mich das emotionalste Produkt, das die Food- und Getränkebranche derzeit zu bieten hat.“

CHOPFAB
CHOPFAB

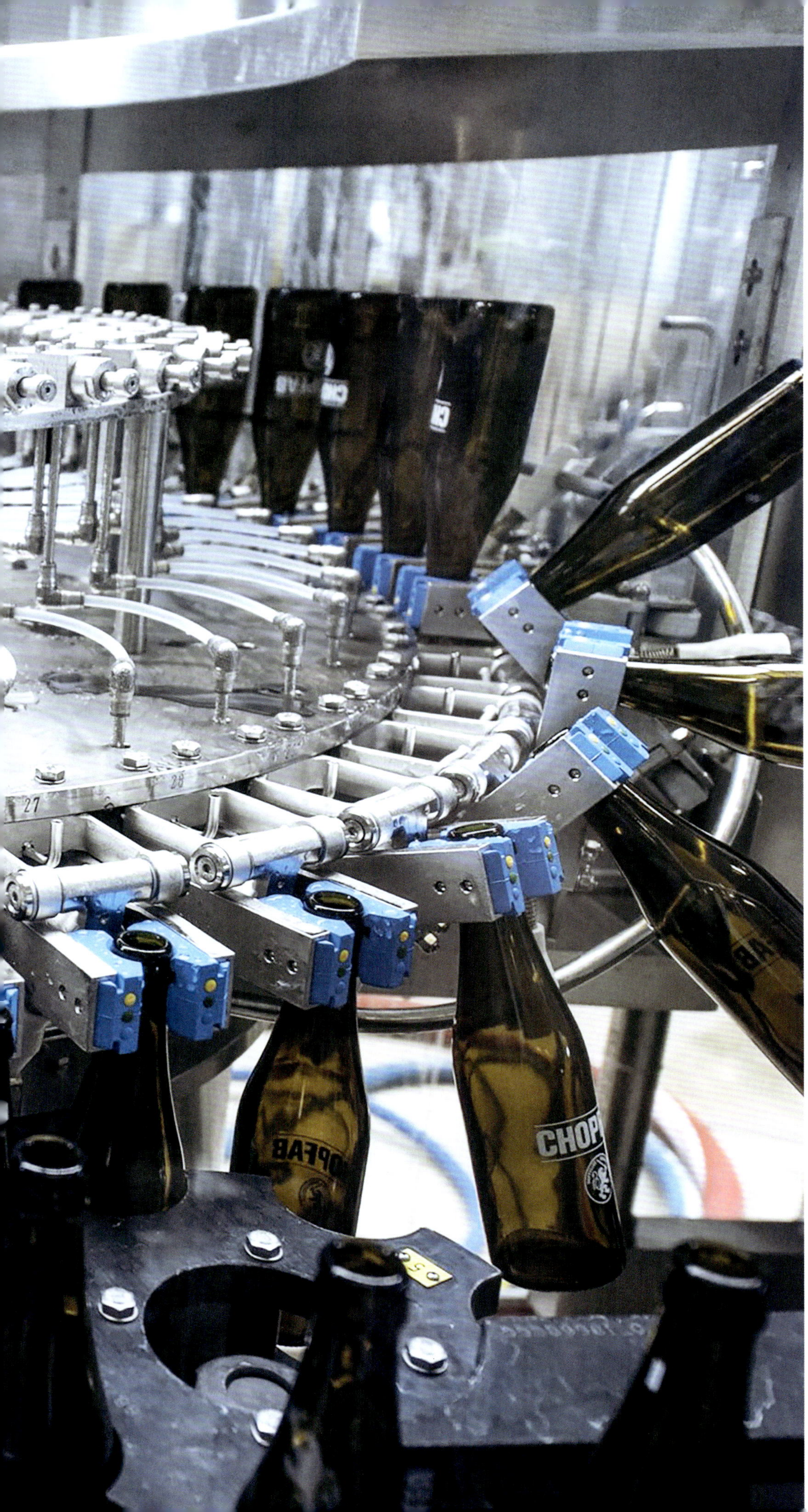

Bevor feines Bier in die Flaschen kommt, werden die Gebinde gründlich gereinigt.

19,90
+7,50 Pfand
19,90
Landbier

ORCA BRAU

ABSEITS DES MASSENGE-SCHMACKS

Seine Biere pimpt er mit Weihrauch, Habanero-Chilis und allerlei Früchten: Felix vom Endt gehört mit Orca Brau zu den mutigsten seiner Zunft im Lande. Dabei ist der Wahlnürnberger eigentlich ein Quereinsteiger in die Welt der Biere.

In der Brauerei kann man auch schicke Holzkisten mit Bier kaufen.

Bei Orca Brau schleppt der Chef die Malzsäcke noch selbst durch die Brauerei.

M

Mit Bierbrauen hatte Felix vom Endt früher eigentlich nichts am Hut. Doch schon während seines Sozialstudiums gründete er einen Bier-Blog unter dem Namen „Lieblingsbier" und schuf sich eine Wissensbasis für seine spätere Profession. Das war 2007, als die Craftbier-Bewegung noch in den Kinderschuhen steckte. „Es waren vor allem die Menschen, die ich anfangs durch den Blog kennenlernen durfte", sagt der Brauereichef, „die mich inspiriert haben, mich immer mehr mit Bier zu beschäftigen."

Für Felix vom Endt war es jedoch ein langer Weg zur Profession: Im Sommer 2012 beendete der passionierte Bierliebhaber, der sein erstes Bier zu Hause mit einem Hobbybrau-Kit zusammenrührte, sein Studium und reiste mit seiner Frau Susa für ein Jahr ins kanadische Vancouver. Dort arbeitete er zunächst in einem Craftbier-Store, bevor er vor Ort bei der Kreativbrauerei Parallel 49 Brewing Company anheuerte. „Hier konnte ich die erste Erfahrungen in einer Brauerei sammeln", schwärmt der in der Nähe von München geborene Wahlfranke. Die Eheleute vom Endt waren so fasziniert von der Vielfalt und Kreativität der Biere sowie vom Spirit der kanadischen Craftbier-Szene, dass sie so etwas auch in der Heimat realisieren wollten. Damit war der Grundstein für Orca Brau gelegt.

Von Kanada aus ging es jedoch erst mal weiter nach Berlin. Dort baute Felix vom Endt zusammen mit einer Biersommelière und einem kalifornischen Bierprofi die Berlin Beer Academy auf. Gemeinsam boten sie unter anderem Kurse rund ums Thema Bier und Brauen an. Ein Jahr später wechselte der umtriebige Biermacher wieder den Job. Es zog ihn in den Keller der Markthalle Neun in Berlin-Kreuzberg. Hier tauchte der Ex-Blogger für zwei Jahre in die Tätigkeiten des Brauens, Abfüllens, Markenaufbaus und in den Vertrieb der Kreativbrauerei Heidenpeters ein. „Diese Lehr- und Erlebnisjahre waren der letzte Schliff für mein weiteres Vorhaben", erläutert vom Endt, der sich zu Hause auch als leidenschaftlicher Hobbykoch betätigt.

Im Jahr 2017 siedelten Felix und Susa vom Endt nach Nürnberg um und gründeten gemeinsam Orca Brau. Da war Felix gerade mal 30. Den beiden war klar, dass Berlin mit der florierenden Craftbier-Szene nicht genügend Platz für eine weitere Brauerei bot. Nürnberg, die Heimatstadt von Susa, war indes noch relativ unberührt, was das Thema Kreativbiere anging. So schrieben sich die beiden Jungunternehmer, laut Felix, auf die Fahne: „Wir wollten unsere Biere ganz individuell, abseits des Massengeschmacks produzieren."

Das Gründerpaar profitierte zudem von Felix vom Endts altem Arbeitgeber Johannes Heidenpeter in Berlin, der seine Produktion gerade vergrößerte und ihnen das alte Brau-Equipment überließ. Doch schon drei Jahre später investierten die vom Endts mithilfe eines Nürnberger Partners in eine größere Anlage mit eigener Abfüllmöglichkeit. „Bis dahin erlebten wir eine echte Achterbahnfahrt mit vielen Höhen, aber auch mit vielen Tiefen", gesteht Felix vom Endt, „doch das gehört zum Unternehmertum offensichtlich dazu."

Heute geht es dem Quereinsteigerbrauer vor allem um die Qualität des Produkts, was die Biere von Orca Brau zu etwa ganz Besonderem macht. Neben seinem Standardangebot, das eher klassisch, aber immer mit individuellem Hopfenkick daherkommt, setzt Felix vom Endt hauptsächlich auf Biere mit alternativen Zutaten. In seinem saisonalen Portfolio finden Aficionados etwa ein Smoked Porter namens „Boomshakalaka", das mit Himbeeren und Habanero-Chili gebraut ist, ein belgisches Saison-Bier mit frischen Orangen oder ein Sour Ale mit Limette und Guave.

Zudem gab es auch schon ein Doppelbock mit Weihrauch, ein „Smoothie India Pale Ale" mit Kirschen und Mango sowie ein Imperial Stout mit Ahornsirup. „Unsere Biere sind immer präzise komponiert, da ist nichts einfach nur zusammengemischt", verspricht der einstige Hobbybrauer, der mit seinen Extremsorten in der Szene als wahrer Draufgänger gilt. Schließlich braut der Vater von drei Kindern in Bayern, der Hochburg der Reinheitsgebotsverfechter.

Das Orca-Team ist stolz darauf, nach dem Natürlichkeitsgebot zu brauen, was heißt: Neben Wasser, Malz, Hopfen und Hefe kommen ab und an außerdem Früchte, Gemüse oder Kräuter in den Sud. Felix vom Endt liebt schließlich die unendliche Vielfalt natürlicher Rohstoffe, die ein kreatives Bier heute zu einem besonderen Genussprodukt machen. „Unser Ziel ist es, Geschmacksexplosionen zu schaffen", sagt der Orca-Brau-Chef, „das kann mal fein, aber auch mal ganz krass sein." Was er jedoch am meisten am Bier schätzt, das hat er in seinem Sozialstudium gelernt: „Bier ist das soziale Schmiermittel der Gesellschaft, und wir sind stolz darauf, mit unseren Sorten einen Teil dazu beitragen zu dürfen."

Die Nürnberger sind bekannt für cooles Etikettendesign und Biere fernab des Reinheitsgebotes. So gibt es auch Sorten mit Kaffeebohnen.

Verschiedene Spindeln zum Messen der Stammwürze stehen parat.

Felix vom Endt stellt die Gerätschaften noch per Hand ein.

Per Computer kann der Orca-Chef den Brauprozess steuern und kontrollieren.

Es kommt nichts in den Kessel, das vorher nicht geprüft wurde.

orca brau
orca

5
WILD ANDALIMAN PEPPER
ANDALIMAN PFEFFER

An der Wand kleben alte Bier-etiketten und im Kühlschrank stehen die nagelneuen Sude.

Susa vom Endt arbeitet gern auch mal direkt in der Brauerei zwischen Kartons und Maschinen.

WEST COAST IPA GRAPEFRUIT EXPRESS

Das „West Coast IPA“ zeigt sich in einem kräftigen Gelborange und mit weißem Schaum. Im Aroma präsentiert es Zitrusnoten, eine gewisse Würze und eine knackige Herbe.

STAMMDATEN

AUSSCHLAGVOLUMEN	STAMMWÜRZE	ALKOHOL	IBU
20 l	16 °P	6,5 %	65

SCHÜTTUNG

PILSNER MALZ	WEIZENMALZ	MÜNCHNER MALZ	CARA HELL
3500 g	1000 g	500 g	60 g

MAISCHPROGRAMM

EINMAISCHEN MIT 15 L WASSER BEI 48 °C
62 °C — 45 MINUTEN RAST
65 °C — 15 MINUTEN RAST
NACH JODPROBE ABMAISCHEN BEI 78 °C

LÄUTERN

CA. 12 L NACHGUSS
(78 °C WARMES WASSER)

KOCHEN

KOCHZEIT 60 MINUTEN

HOPFEN	ZUGABE
14 g COLUMBUS	BEGINN KOCHEN
10 g SIMCOE	KOCHMITTE
6 g SIMCOE	ENDE KOCHEN
20 g COLUMBUS	WHIRLPOOL
20 g SIMCOE	WHIRLPOOL

GÄRUNG

AMERICAN ALE-HEFE BEI 20–21 °C

KALTHOPFEN

200 g COLUMBUS	5–6 TAGE
100 g AMARILLO	5–6 TAGE
60 g CASCADE	5–6 TAGE
60 g CENTENNIAL	5–6 TAGE

3 g FRISCHE GRAPEFRUITZESTEN

interpretiert.

keller bier

gehopft mit

cascade

orca brau
nürnberg

zutaten:
wasser, **gerstenmalz***,
hopfen*, hefe
*aus kontrolliert
ökologischem anbau

DE-ÖKO-001
deutsche landwirtschaft

alc. 5,4 % vol

e 0,33l
mehrwegflasche

bitte kühl (max.15°) und dunkel lagern
mindestens haltbar bis: siehe aufdruc

hergestellt in der b
orca brau
am steinacher kreu
90427 nürnberg

GRAPEFRUIT EXPRESS

westcoast IPA
7,5 % vol.

grapefruit express
alkoholhaltiges malzgetränk
mit grapefruit

naturprodukt.
ungefiltert. unpasteurisiert.

CRAFTBEER CORNER COELN
orca brau
nürnberg

"dude, is this a killer whale? but WTF is the grapefruit doing? this shit is unreal... next level westcoast freundschaft. vollgepackt mit den hopfensorten columbus, amarillo, centennial & cascade wurde dieser klassiker zusätzlich noch mit der schale von frischer grapefruit infusioniert."
tschu. tschu.

zutaten:
wasser, **gerstenmalz**,
weizenmalz, hopfen,
grapefruit, hefe

alc. 7,5 % vol

e0,33l
mehrwegflasche

orca brau
am steinacher kreuz 24
90427 nürnberg

bitte kühl und dunkel lagern
mindestens haltbar bis: 27.03.2022

at die kokusnuss geklaut?
olhaltiges malzgetränk

naturprodukt.
efiltert. unpasteurisiert.

l black ipa aufgepimpt
swagten blaubeeren und
t kokosflocken, sowie

¡ACHTUNG Cabros!

Berliner Weisse

Cer
colab
Berli

SERVICE

BEER SHOP

BIERLEXIKON

KLEINE BIERSTILKUNDE

Weltweit existieren etwa 150 verschiedene Bierstile in schier unbegrenzten Variationen. Vor allem Laien steigen da kaum noch durch. Hinzu kommt, dass durch die moderne Bierbewegung viele Kreativbrauer auch ausgestorbene Typologien wieder ausgraben oder traditionelle Sorten wie etwa Pils, Helles, Bockbier & Co. völlig neu interpretieren. Dafür kombinieren sie unterschiedliche Hopfen- oder Malzsorten, experimentieren mit der Hefe und packen schon mal alternative Zutaten wie Früchte, Gewürze oder Kräuter in die Sudkessel – Hauptsache, das Bier bekommt einen individuellen Twist.

DIE HEFE MACHT'S

Hefe gilt als das Herz des Bieres. Erst durch die Gärung entstehen nämlich Alkohol, Kohlensäure und zum Teil auch spannende Aromen. So sind die Unterschiede zwischen ober- und untergärig sowie spontanen Hefen maßgeblich für die Typologie des Bieres.

SPONTANGÄRIG

Aus spontanen, sogenannten wilden Hefen entwickelte sich die Urform des Bieres. Hefesporen entstehen in ihrer ursprünglichen Umgebung in einem schwer kontrollierbaren Prozess. Die Gemäuer alter Klosterbrauereien sind beispielsweise ein geeignetes Revier, in dem sich ganz individuelle Hefen entwickeln. So lassen etwa Brauer aus belgischen Lambic-Brauereien die Würze in offene Sudpfannen laufen und warten, bis sich die Hefesporen aus der Luft darauf absetzen und die Gärung in Gang setzen.
Zu den spontangärigen Bieren gehören: Lambic, Gueuze, Kriek oder Jopenbier.

UNTERGÄRIG

Untergärige Hefen kommen in der Regel bei Lagerbieren zum Einsatz. Diese Stämme mögen es kühl und arbeiten vor allem bei Temperaturen zwischen etwa 2 und 12 °C. Die Hefezellen sinken nach der Hauptgärung nach „unten“ auf den Kesselboden. Damit gebraute Biere zeichnen sich durch einen klaren und frischen Geschmack aus.
Zu den untergärigen Bieren gehören: Pils, Helles, internationales Lager, Bockbier, Export, Märzen.

OBERGÄRIG

Obergärige Hefen kommen in der Regel bei Ales zum Einsatz. Diese Stämme mögen es warm und laufen erst bei Temperaturen zwischen 12 und 24 °C auf Hochtouren. Während der Gärung steigen die Hefezellen an die Oberfläche und bilden einen kräftigen Schaum. Die obergärigen Hefen produzieren nicht nur Alkohol und Kohlensäure, sondern geben auch sogenannte Gärungsnebenprodukte ab, beispielsweise Aromen von Banane, Nelke oder Aprikose.
Zu den obergärigen Hefen gehören: Pale Ale, India Pale Ale, Weißbier, Altbier, Stout.

ÜBERBLICK DER WICHTIGSTEN BIERSTILE DER MODERNEN BIERKULTUR

Vor wenigen Jahren waren Bierstile wie etwa India Pale Ale, Sauerbier oder Imperial Stout hierzulande noch weitgehend unbekannt. Kreativbier heißt das Zauberwort der Stunde, bei dem ausgewählte Rohstoffe mit innovativen Hopfen-, Malz- und Hefekombinationen dem Bier einen individuellen Geschmack verleihen.

INDIA PALE ALE – DER MEISTGEBRAUTE STIL DER CRAFTBIER-BEWEGUNG

Kaum ein anderer Bierstil performt so vielfältig wie das India Pale Ale (IPA). Nicht umsonst gilt das IPA als Muttertypologie der internationalen Craft-Bewegung. Obwohl häufig der Glaube vorherrscht, dass dieser Bierstil eine Neuerfindung der Kreativbrauer sei, pflegt der obergärige Hopfentrunk eine lange Tradition. So ranken sich um die Entstehung dieses Bieres etliche Mythen. Tatsache ist, dass IPA um das 18. Jahrhundert in England aus der Taufe gehoben und einst angeblich als „October beer“ überwiegend von der East India Company gehandelt wurde. Brauer verwendeten erntefrische Rohstoffe und legten das Ale zur Abrundung meist für mehrere Monate in Holzfässer. Beschrieben hat man den Trunk aber schon damals als helles, stark gehopftes und besonders bitteres Bier.

Die IPA-Legende besagt indes, dass die Briten während ihrer Kolonialzeit ein Bier entwickelten, das für den langen Transport für ihre in Indien stationierten Soldaten mit größerem Hopfeneinsatz und höherem Alkoholanteil haltbarer gemacht wurde. Inzwischen existieren zahlreiche Varianten, die teilweise sehr stark in Optik, Duft, Geschmack und Mundgefühl sowie Bitterkeit und vor allem auch im Alkoholgehalt variieren. Hinzu kommen jede Menge Unterkategorien, wie etwa harziges West Coast IPA, superfruchtiges, sehr trübes und kaum bitteres East Coast/New England/Hazy IPA. Eher weniger verbreitet sind sogenannte Milkshake IPAs, in denen Laktose steckt, nachtschwarze und leicht röstige Black IPAs sowie alkoholärmere Session IPAs und kräftige Tripel und Quadrupel IPAs, bei denen der Alkoholgehalt jenseits von 10 Prozent ansetzt.
Zudem gibt es Frucht-IPAs, die meist mit Obst wie Grapefruit, Mandarine oder Wassermelone gebraut oder denen Fruchtsäfte oder -schalen zugegeben werden. Manchmal kommen außerdem künstliche Aromen zum Einsatz. Die wichtigste Zutat bei India Pale Ales ist aber immer noch der Hopfen.

PALE ALE – KLASSIKER IM MODERNEN GEWAND

Noch bis ins frühe 18. Jahrhundert wurde in Großbritannien überwiegend dunkles Bier produziert. Erst als sich die Mälzereitechnik mit indirekter Trocknung verbesserte, konnten auch hellere Malze hergestellt und für den Brauprozess eingesetzt werden. Das hellere Bier galt damals fast als Sensation und erfreute sich alsbald großer Beliebtheit. So setzt sich der Bierstil-Name aus Pale, das so viel wie hell und blass bedeutet, und Ale, also obergäriges Bier, zusammen. Charakteristisch sind neben einem moderaten Malzkörper eine deutliche Hopfenaromatik und eine gewisse Bittere.

Das Pale Ale gilt als sehr beliebter Stil der Kreativbrauer und als „Einstiegsdroge" für Craftbier-Fans. So variiert es – je nach Interpretation – inzwischen auch stark in Optik, Aroma und Herbe. Ursprünglich legt die britische Variante eher kräuterartige und erdige Hopfennoten vor. American Pale Ale präsentiert sich dagegen meist mit zitrusartigen und tropischen Fruchtnoten sowie mit harzigen Anklängen.

PORTER UND STOUT – DUNKLE UND VIELFÄLTIGE SPEZIALITÄTEN

Beim Porter handelt es sich um einen traditionellen Bierstil aus England. Im 18. Jahrhundert war es sogar das Nationalgetränk in London. Porter ist ein obergäriges, malzbetontes und dunkles Bier. Den Namen hat es von den Hafenarbeitern (engl.: porter), die Schiffe be- und entluden und es zur Erfrischung tranken. Aus dem Porter entwickelte sich das Stout, eine ursprünglich stärkere und noch aromatischere Version, die eher für die damalige Oberschicht gedacht war und erst den Namen Stout Porter trug, welches so viel bedeutete wie kräftiges Porter. Irgendwann wurden die beiden Begriffe getrennt und zwei Bierstile daraus gemacht. Das obergärige, tiefschwarze Stout wird mit Röstmalz und traditionell mit unvermälzter Röstgerste gebraut. Inbegriff für ein Dry Stout ist etwa das Guinness.
Inzwischen werden auch bei Porter und Stout viele verschiedene Interpretationen angeboten, bei denen Aromatik, Alkoholgehalt, Bitterkeit, Viskosität und sogar die Farbe variieren. Um ein paar Beispiele zu nennen: So gibt es etwa das Milk Stout, dem für einen süßlichen Charakter noch Milchzucker hinzugefügt wird, das Oatmeal Stout, bei dem unvermälzter Hafer mit verarbeitet wird, oder etwa ein Oyster Stout, bei dem für mehr Proteinzufuhr echte Austern mit in den Sud kommen. Zudem gibt es Chocolate Stouts, die durch spezielle Malzsorten kräftig nach Schokolade schmecken, sowie Coffee Stouts, denen für das Kaffeearoma geröstete Kaffeebohnen zugegeben werden. Beim Pastry Stout hingegen überwiegen Aromen von Schokokuchen oder anderen Gebäcksorten. Nicht zu vergessen ist das Imperial Stout, das meist mehr als 8 Prozent Alkohol besitzt und von Brauern gern für Fassreifung verwendet wird.

SAUERBIER – DIE SOMMERLICHE ERFRISCHUNG SCHLECHTHIN

Egal ob Berliner Weiße (siehe auch Porträt Schneeeule, Seite 36), Kettle Sour, Fruchtsauer oder Lambic: Bei Sauerbieren gibt es gravierende Unterschiede. Manche werden durch Zugabe von Joghurt oder direkt mit Milchsäure gesäuert, anderen werden wilde Hefen wie Brettanomyces hinzugefügt, und wieder andere erhalten ihre Säure ganz natürlich durch Hefestämme, die bei der Fassreifung im Holz schlummern. Häufig kommen auch Sauermalze zum Einsatz. Neuerdings verwenden Craft-Brauer spezielle Hefen wie etwa die „Philly Sour". Diese produziert in einfachen Fermentationsschritten nicht nur Ethanol, sondern außerdem etwas Milchsäure. Sie gilt also als eine gute Wahl für Biere, die mit einer erfrischenden Säure und Noten von Steinobst aufwarten. Bei Fruchtsauerbieren werden noch verschiedene Früchte oder Fruchtpüree wie beispielsweise Maracuja, Blaubeere, Zitrone oder Erdbeere – meist bei der Gärung oder im Lagertank – zugesetzt. Der Experimentierfreude sind dabei keine Grenzen gesetzt, daher variieren Alkoholgehalt, Optik und Geschmack sehr stark.

ALKOHOLFREI – UNBESCHWERTER BIERGENUSS

Alkoholfreie Biere erleben gerade einen enormen Imagewechsel und beenden so ihr bisheriges Nischendasein. Lange Zeit wurden diese Sorten, die bis 0,5 Prozent Alkohol besitzen dürfen, wegen ihres meist wässrigen und charakterlosen Geschmacks von Bierliebhabern verschmäht. Jetzt tüfteln Brauer jedoch an alkoholfreien Bieren, interpretieren sie neu und schaffen mit individuellem Rohstoffeinsatz echte Aromawunder. Solche Sude existieren in ganz unterschiedlichen Varianten.

Dabei wirken sich vor allem verschiedene Herstellungsverfahren auf Geschmack und Trinkfreude aus. Traditionelle Brauereien wenden häufig die gestoppte Gärung an. Das bedeutet, dass der Gärvorgang durch eine kurzzeitige, aber starke Erhitzung unterbrochen wird. Weil sich noch reichlich Restzucker im Sud befindet, den die Hefe nicht umwandeln konnte, präsentieren Biere innerhalb dieser Produktion oft einen süßlichen Geschmack.

Weitere Methoden sind die gedrosselte Gärung bei Niedrigtemperaturen, wobei die Hefe nur sehr langsam arbeitet, oder die sogenannte Vakuumdestillation. Das Bier wird zunächst nach herkömmlicher Methode produziert und erst nachträglich wird der Alkohol entzogen, der anschließend in einem Vakuum verdampft. Die wohl spannendste Möglichkeit, die vor allem Kreativbrauer nutzen, sind spezielle Hefestämme, die nur bis 0,4 Prozent Alkohol arbeiten. So schaffen es Brauer, komplett vergorene, geschmackvolle Biere ohne Alkohol zu produzieren.

JENSEITS DES REINHEITSGEBOTES

SUDE MIT ANARCHISCHER REZEPTUR

Waldpilze, Schalentiere und sogar geräucherte Schafsköpfe: Jenseits des Reinheitsgebotes überrascht eine Vielzahl ungewöhnlicher Gerstensäfte mit kuriosen Zutaten. Ein Kurzausflug durch den internationalen Bierkosmos.

Unkonventionelle Beigaben sind in der Geschichte des Bieres gar nicht so selten. Bis ins hohe Mittelalter hinein kippten Brauer jede Art von Kräutern in den Sud, verkochten Baumrinde, Ochsenblut und Fliegenpilze. Etablierte Klassiker sind in manchen Ländern bis heute Biere mit Gewürzen, Früchten und Meeresgetier. Britische Oyster Stouts und belgische Frucht-Lambics mit Kirsch-, Himbeer- oder Johannisbeerbeigaben zählen unter Kennern als wahre Spezialitäten. Wer glaubt, dass solche Sude schon kurios sind, erlebt in der internationalen Craftbier-Szene noch ganz andere Überraschungen.

Mit wachsender Nachfrage nach immer neuen Geschmacksabenteuern werden Kreativbrauer zunehmend mutiger und verlassen eingefahrene Bahnen fernab von Hopfen, Hefe und Malz. In die Kessel kommen neben Kaffeebohnen, Sauerkraut und feurigen Chilischoten auch schon mal Bullenhoden, Mollusken und das Fleisch von Mangalitza-Schweinen. Für alle, die es etwas süßer mögen, gibt es zudem etliche Sude, die mit Vanilleschoten, Ahornsirup, Kakaobohnen, Honig, Zimt, Marshmallows, Donuts, Spekulatiuskeksen oder sogar ganzen Schokoladenblöcken aromatisiert werden. Manche Biere stellen echte Desserts dar.

Einige Brauer richten sich auch gern nach der Saison und verwenden alles, was die Natur in den jeweiligen Jahreszeiten so zu bieten hat. Im Frühjahr und Sommer können das Lavendel, Holunder-, Kamillen- oder Hibiskusblüten sein, im Herbst sind es dann Pilze wie Pfifferlinge, Stein-, Austern- oder Shitake-Pilze sowie Trüffeln, die dem Bier ein einzigartiges Aroma von Umami schenken. In den USA haben außerdem Kürbisse eine lange Tradition.

Zu den wohl wirklich kuriosesten Bieren zählen Sorten mit tierischen Beigaben. Besonders Zutaten aus dem Meer genießen große Zustimmung bei erfahrenen Craft-Geeks. Vom Oktopus über Jakobsmuscheln, Walhoden und Austern bis hin zum Lobster ist fast alles schon dabei gewesen, was der Seafood-Fan begehrt. Als Highlight jedoch galt einst ein Kollaborationssud zweier nordischer Brauereien, die überlegten, welche kulinarischen Spezialitäten das jeweilige Land zu bieten hat. So schwammen letztlich Schafsköpfe – gesalzen oder geräuchert – mit im Sudkessel.

Der Experimentierfreude internationaler Kreativbrauer sind keine Grenzen gesetzt. Und selbst wenn unbedarfte Konsumenten angesichts solch wilder Rezepturen die Nase rümpfen, suchen hauptsächlich Bier-Nerds nach solchen ausgefallenen Schmankerln, wovon einige echte Geschmacksexplosionen zünden und schon Preise bei globalen Bierwettbewerben abgesahnt haben.

WEISHEITEN

STAMMTISCHWISSEN UND MEHR

1
Stammwürze: Die gelösten Stoffe aus Malz und Hopfen vor der Gärung.

2
Ein Hektoliter sind 100 Liter.

3
Schnitt: Das Glas ist etwa halb voll mit Bier, der Rest ist Schaum.

4
Das stärkste Bier der Welt besitzt 57,7 Prozent Alkohol und kommt vom fränkischen Schorschbräu.

5
Ein kleines Pils hat gerade mal 120 Kalorien.

6
Vollbier ist die Bezeichnung für alle Biersorten mit einer Stammwürze von 11 bis 15,9 Prozent. Schankbiere haben weniger, Starkbiere mehr.

7
Bier ist grundsätzlich vegan.

8
Hopfenstopfen/Dry Hopping/Kalthopfen: Aromahopfen kommt im Kaltbereich während der Gärung oder der Lagerung zum Einsatz. So gibt er nur sein Aroma ab.

9
Weltweit existieren mehr als 150 Bierstile.

10
Das erste bayerische Helle braute 1895 die Spaten Brauerei in München.

11
Pils wurde 1842 von dem Niederbayern Josef Groll im tschechischen Pilsen erfunden.

12
Bockbier hat nichts mit dem gehörnten Tier zu tun, sondern leitet sich von Ainpöckisch Bier (Einbecker Bier) ab.

13
Hopfen wird als die Seele des Bieres betrachtet.

14
Hefe gilt als das Herz oder der Geist des Bieres.

15
Malz wird als der Körper des Bieres angesehen.

16
Malz gibt dem Bier seine Farbe – je dunkler das Malz, umso dunkler das Bier.

17
Frauen haben das Bierbrauen erfunden.

18
Bei den Babyloniern gab es einschlägige Hymnen an die Biergöttin Ninkasi.

19
Hopfen ist ein Hanfgewächs.

20
Schüttung: Die Mischung von unterschiedlichen Malzsorten, die der Brauer für seinen Sud wählt.

21
Alkoholfreies Bier darf bis 0,5 Prozent Alkohol besitzen.

22
Liegt auf einem dunklen Bier ein schneeweißer Schaum, dann handelt es sich höchstwahrscheinlich um ein helles Bier, das mit Färbebier gefärbt wurde.

23
Der Oberbegriff für untergärige Biere ist Lager.

24
Der Oberbegriff für obergärige Biere ist Ale.

25
Das erste Bier entstand wahrschlich vor Tausenden Jahren in Mesopotamien.

26
Die perfekte Trinktemperatur hängt vom Bierstil ab. Grundsätzlich gilt: Hellere und leichtere Biere bei rund 8 °C und dunkle, starke Biere eher bei 10 bis 12 °C genießen.

27
Bier unbedingt kühl und dunkel lagern. Jeder Lichteinfall und jede Temperaturschwankung sind schlecht für die Bierqualität.

28
Emil Christian Hansen war der Erste, der am 12. November 1883 im Labor der Carlsberg Brauerei in Kopenhagen eine einzelne Hefezelle isolierte und vermehrte. Damit legte er den Grundstein für Hefereinzucht und Hefemanagement.

29
Mit der Erfindung der Kühlmaschine von Carl Linde und der Filtration von Lorenz Enzinger im 19. Jahrhundert startete die Lagerbier-Revolution.

REINHEITSGEBOT

STECHAPFEL, FLIEGENPILZ UND OCHSENBLUT

Das Reinheitsgebot gilt als Heiliger Gral in der deutschen Bierbranche. Aber wie ist das eigentlich entstanden, was darf wirklich ins Bier, und warum schränkt das Gebot experimentierfreudige Kreativbrauer ein?

Es muss eine schreckliche Zeit gewesen sein. Damals, um das Jahr 1516 gab es Bauernaufstände, Krieg und Hunger. Die Ernten fielen dünn aus, Roggen und Weizen waren selbst fürs Brotbacken rar. Häufig landete das Getreide dann auch noch lieber im Sudkessel als im Brotteig. Früher durfte jeder so viel Bier brauen, wie er wollte, weil das Trinkwasser häufig verseucht war. Um zu verhindern, dass die ganze Weizenernte im Braubottich landete, haben die bayerischen Herzöge Wilhelm IV. und Ludwig X. am 23. April 1516 in Ingolstadt das Reinheitsgebot erlassen.

Das war jedoch nicht der einzige Grund. Der Erlass sollte auch vor ungenießbaren Zutaten schützen, die Brechreiz, Schwindel oder Halluzinationen auslösten. Nicht selten waren das Fliegenpilze, Bilsenkraut, Stechapfel, Ochsengalle oder Hammelhoden. Menschen lagen manchmal tagelang im Delirium, und in härteren Fällen führte der Bierkonsum zu Siechtum und vorzeitigem Tod. So beinhaltete die Verordnung der Herzöge, dass nur Gerste, Wasser und Hopfen ins Bier dürfen.

Das Reinheitsgebot von 1516 spiegelt lediglich den Höhepunkt einer jahrhundertelangen Rechtsentwicklung rund um das angeblich älteste Lebensmittelgesetz wider. Hefe, als fünftes Element im Brauprozess, war damals noch nicht einmal bekannt und findet deshalb in der Verordnung keinerlei Erwähnung.

Wie aber fing alles an? Schon eine Urkunde aus dem Jahre 1156 zeigt, wie im Augsburger Stadtrecht den Wirten mit Strafe und Lizenzentzug gedroht wurde, wenn diese schlechtes Bier ausschenkten. Erst 200 Jahre später reagierten auch die Münchner Stadtväter. 1363 wurde zwölf Mitgliedern des Ratsgremiums die Aufgabe übertragen, die Bierproduktion an der Isar zu überwachen und Unregelmäßigkeiten bei der Qualität anzuzeigen. Wohl eher aus Mangel an Weizen befahlen 1393 dann die Stadtherren von Nürnberg, dass Bier nur noch mit Gerste gebraut werden darf.

Wenige Jahre danach reglementierten die Münchner Ratsherren bereits die Lagerung der Gerstensäfte als klares Qualitätsmerkmal. In Regensburg wurde 1447 sogar der Stadtarzt beauftragt, die Bierproduktion regelmäßig zu kontrollieren und darauf zu achten, was die Brauer in den Sud kippten. Die Folge der Inspektionen: 1453 verabschiedete Regensburg die erste Brauordnung – wohl nach dem Vorbild von München, denn dort wurde schon einige Jahre zuvor festgelegt, dass zum Bierbrauen ausschließlich Wasser, Gerste und Hopfen verwendet werden dürfen.

Obwohl das Reglement von 1516 in seinen Grundpfeilern bis heute existiert, fielen die wichtigsten Paragrafen bereits 35 Jahre später durch einen erneuten herzoglichen Erlass. Weil die Bürger wahrscheinlich vom einheitlichen Geschmack gelangweilt waren, wurde die Beigabe von Koriander und Lorbeer in bayerischen Bieren abermals erlaubt. In einer Landesverordnung von 1616 durften Brauer sogar wieder Wacholder, Kümmel und Salz in der Produktion verwenden. Auch das Weizenverbot wurde 1548 aufgehoben, als der Freiherr von Degenberg das staatliche Privileg erhielt, nördlich der Donau spezielle obergärige Weizenbiere zu brauen. Dann überließen die Gesetzgeber lange Zeit allein den Braustätten, was ganz individuell in den Sudkessel kam. Der Konsument durfte also selbst entscheiden, was ihm schmeckt und am besten bekommt.

Sinn und Unsinn der Verordnung von 1516 sind bis heute umstritten. Antipoden des Reinheitsgebotes fragen sich noch immer, ob das alte Biergesetz nur eine scharfe Waffe im internationalen Wettbewerb, eine Folge deutscher Reglementierungswut oder ein cleveres Marketingkonzept ist, um unliebsame Wettbewerber aus dem Markt zu drücken. Für die meisten deutschen Traditionsbrauer ist die mehr als 500 Jahre alte Verordnung nach wie vor ein Heiliger Gral. Unstrittig ist indes, dass Herzog Wilhelms Gesetzestext nachhaltig zu einer Verbesserung der Bierqualität führte. Fest steht aber auch: Herstellungsverfahren, Zutaten und vor allem kulturelle Wertigkeiten des Bieres mussten sich im Laufe der Jahrhunderte immer wieder gesellschaftlichen Bedingungen und veränderten Bedürfnissen anpassen. Heute gilt das Vorläufige Biergesetz von 1993, das auf dem Reinheitsgebot aufbaut.

Und das erlaubt durchaus mehr, als die meisten Biertrinker wissen: Zuckerzusätze, Konzentrate und chemische Filterstoffe. Kleine handwerkliche Brauereien hingegen, die natürliche Zutaten wie Früchte, Kräuter oder Gewürze verwenden möchten, dürfen ihr Bier in Deutschland ohne Sondergenehmigung noch immer nicht als Bier verkaufen, obwohl dies in den meisten Ländern kein Problem darstellt. So haben sich vor ein paar Jahren einige Brauer zum Verein Die Deutschen Kreativbrauer formiert und einen eigenen Qualitätsstandard entwickelt: das Natürlichkeitsgebot. Der mutige Zusammenschluss setzt sich für eine deutschlandweit einheitliche Regelung ein, die Brauern in allen Bundesländern gleichermaßen das Brauen mit natürlichen, für den menschlichen Verzehr zugelassenen Zutaten erlaubt.

FEHLAROMEN

KLEBSTOFF, KÄSEFÜSSE UND KATZENURIN

Bier ist nicht gleich Bier – auch dann nicht, wenn es sich um die gleiche Marke handelt. Manchmal schleichen sich schlimme Fehlaromen in den Sud, die nicht jeder gleich bemerkt. Einige dieser Off-Flavours sind in verschiedenen Bierstilen aber sogar erwünscht. Hier kommen ein paar Beispiele.

Bier ist eines der aromatischsten und vielseitigsten Getränke der Welt. Aus der Kombination von Hopfen, Malz und Hefe lassen sich unzählige Aromen entwickeln. Doch neben schmackhaften Schokoladen-, Maracuja- oder Zitrusnoten platzieren sich häufig sogenannte Fehlaromen, die kaum ein Brauer absichtlich produziert, aber in den besten Häusern und vor allem auch bei Hobbybrauern vorkommen können. Manchmal sind es Reste von Reinigungsmitteln, unkorrekt gelagerte Rohstoffe, Verpackungsfehler oder Nachlässigkeiten beim Transport. Um sogenannte Off-Flavours richtig zu erkennen, erfordert es etwas Übung.

KOCHGEMÜSE

Einer der häufigsten Bierfehler nennt sich Dimethylsulfid (DMS). In Geruch und Geschmack erinnert er an gekochtes Gemüse, Dosenmais oder Sellerie. In manchen hellen Lagerbieren tragen diese Komponenten allerdings in geringer Konzentration einen positiven Beitrag zum Gesamtaroma bei. Die Substanz kommt aus einer schwefelhaltigen organischen Verbindung, die beim Keimen von Getreide bei der Malzherstellung entsteht. Wenn der Brauer die Würze unzureichend kocht, dann treibt das DMS nicht ausreichend aus, und es kommt zu unerwünschten Fehlaromen.

MEDIZIN

Bier kann tatsächlich auch nach Zahnarztpraxis oder Krankenhaus riechen und schmecken. Diese Fehlsubstanz nennt sich Chlorphenol. Verantwortlich für das medizinische Aroma, das außerdem oft an Heftpflaster erinnert, sind meist Rückstände von chlorhaltigen Reinigungsmitteln oder von gechlortem Wasser, das beim Brauprozess verwendet wird.

KÄSEFUSS

Als besonders unangenehmer Nebengeruch gilt Isovaleriansäure. Sie macht sich bemerkbar durch ein abschreckendes, käsiges und schweißiges Aroma in Geruch und Geschmack. Ursache für diesen Off-Flavour ist meist alter, oxidierter Hopfen.

BUTTERBOMBE

Wer einen buttrigen, sahnigen, zum Teil gar ranzigen Touch in seinem Bier wahrnimmt, hat ganz klar Diacetyl vor sich. Bei geringer Dosis kann die Substanz auch leicht karamellartig erscheinen. In manchen Ales, Stouts und vor allem in böhmischen Pils kann ein gewisser Anteil Diacetyl bewusst initiiert sein, weil es einen positiven Beitrag für einen weichen und milden Körper liefert. Produziert wird es durch die Hefe, wird aber in der Regel bei der Gärung wieder verstoffwechselt.

KATZENURIN

Wenn Bier altert, dann findet eine Oxidation statt, die mehrere Aromen hervorrufen kann. Wenn der Prozess beginnt, dann nimmt der Trunk unangenehme Töne von Katzenurin an, den manche Menschen fälschlicherweise mit Schwarzer Johannisbeere assoziieren. Ein oxidiertes Bier kann auch abgestanden und muffig wirken sowie nach nasser Pappe riechen und schmecken. Es gibt jedoch durchaus höherprozentige Bierstile, bei denen etwa sherryartige Altersnoten sogar gewollt sind.

BABY-EXKREMENTE

Zu den wahrscheinlich schlimmsten Off-Flavours gehört die Buttersäure, die im Bier an etwas Faules, an verdorbene Milchprodukte, Erbrochenes oder Babykot erinnert. Verantwortlich für diesen Bierfehler ist meist eine bakterielle Infektion beim Produktionsablauf.

KLEBSTOFF

Bei einer geringen Reifung des Bieres können dominierende Noten von Acetaldehyd entstehen. Der Gerstensaft präsentiert dann ein stechendes Aroma von grünem Apfel oder sogar Klebstoff. Auslöser sind nicht selten falsch eingesetzte Hefen, mangelnde Hygiene oder Fehler bei der Herstellungstechnik. Acetaldehyd kann auch für den Kater am nächsten Morgen verantwortlich sein.

GLETSCHEREISBONBON

Wenn die Hefe gestresst ist, dann kommt es zu einer Überproduktion von Isoamylacetat. Bei der Gärung produzieren die Mikroorganismen sogenannte Ester, die häufig fruchtig erscheinen und an Banane oder Birne, aber auch an Gletschereisbonbon und Anis erinnern. In Weißbieren sind solche Aromen beispielsweise gewünscht, in vielen anderen Bierstilen allerdings nicht.

STINKTIER

Steckt ein Bier in einer lichtdurchlässigen Verpackung, etwa in einer durchsichtigen oder grünen Flasche, so ist es UV-Strahlen ausgesetzt, und es bildet sich der sogenannte Lichtgeschmack. Überwiegend tritt er bei hopfenbetonten Sorten wie Pils auf. Die Bitterstoffe des Hopfens reagieren mit dem Tageslicht und präsentieren ein schwefeliges, ziemlich unangenehmes Stinktieraroma. Manche Menschen assoziieren mit diesem Geruch außerdem nicht selten Cannabis.

GLÄSERKUNDE

GLASKLARER GENUSS

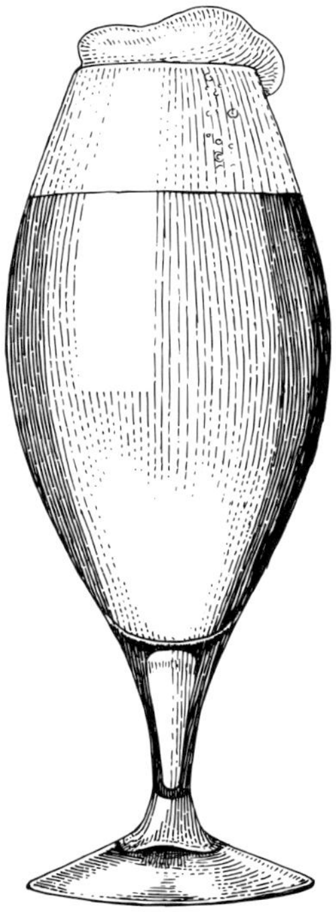

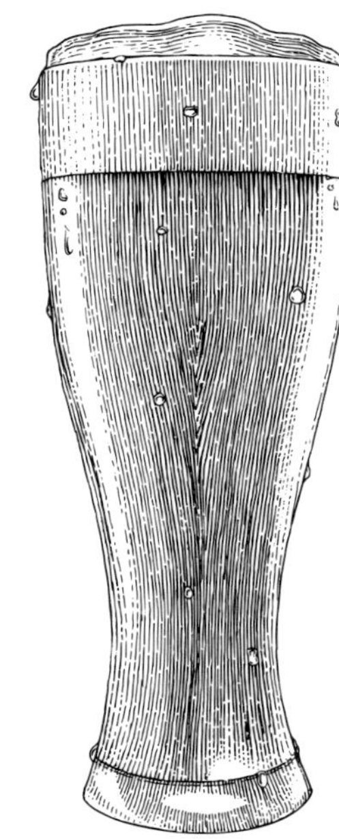

Früher trank man Bier meist nur aus Steinkrug, Willibecher oder Pilsstange. Mit wachsender Sortenvielfalt wird es jedoch für Genießer immer wichtiger, das passende Glas zum jeweiligen Sud zu wählen. Eine kleine Glaskunde.

Die meisten Connaisseurs kennen es vom Wein. Doch seit der wachsenden Sortenvielfalt und der damit verbundenen Aromafülle existieren auch für Bier zunehmend die passenden Trinkgefäße. Denn dasselbe Bockbier, Stout oder Weißbier kann in unterschiedlichen Gebindeformen völlig anders schmecken.

Grundsätzlich gelten beim Biergenuss die Regeln: Bauchige Gläser, die sich nach oben hin verjüngen, bündeln die Aromen und konzentrieren das Bukett. Hohe und schmale Formate fördern die Kohlensäure und sorgen meist für kräftigen sowie stabilen Schaum. Dünnwandige lassen Duft und Geschmack von filigranen und komplexen Suden besser wahrnehmen und pushen den Biercharakter. Dickwandige Gefäße, wie etwa der Steinkrug, halten hingegen das Getränk länger kühl. Außerdem sind Öffnung und Rand dafür verantwortlich, auf welchen Punkt der Zunge das Bier trifft.

Die Glasform bestimmt auch die Fließ- und damit die Trinkgeschwindigkeit. Studien ergaben beispielsweise, dass große robuste Formate wie Maßkrug oder Weißbierglas eher zum schnelleren Biergenuss in kräftigen Schlucken animieren, während India Pale Ale, Stout oder Barley Wine besser in kleineren und filigraneren Gefäßen munden. Also: Form, Wand und Öffnung eines Glases sind für das Genussgefühl eines Gerstensaftes ebenso entscheidend wie Hopfen, Malz und Hefe. Das Glas bietet dem Bier die Bühne, dennoch gilt: Erlaubt ist aber, was gefällt.

TRADITIONSGEFÄSS

Der Steinkrug ist einer der Urväter aller Trinkgefäße. Er gilt jedoch als fast ausgestorben, Varianten aus Glas lösten ihn ab. Trotzdem freuen sich Bierfans, wenn sie in traditionellen Braugaststätten noch Helles, Bockbier oder Festbier im dickwandigen Gebinde, manchmal sogar wie früher mit Silberdeckel obendrauf, serviert bekommen. So ein uriger Steinkrug lädt zum rustikalen Trinkgelage mit kräftigem Anstoßen ein. Vor- und Nachteil: Im schweren Steingefäß bleibt der Inhalt zwar lange kühl, aber weder Farbe noch Aromen sind gut erkennbar.

PROBIERPOKAL

Das Verkostungsglas eignet sich vor allem für professionelle Tastings mit jedem Bierstil. Durch die bauchige Form des Trinkgefäßes entfaltet sich das komplette Aromaspektrum. Nach oben hin verjüngt sich das Glas, der Rand ist etwas nach außen gewölbt. Wegen diesen Eigenschaften konzentriert sich das Bukett, und das Bier fließt langsam auf die gesamte Zunge. So können Connaisseurs das komplette Geschmacksbild analysieren.

SCHÜTTSTANGE

Kölsch gilt als eher kohlensäurearmes Bier. Daher benötigt es ein hohes, schlankes und schmales Zylinderglas. Diese Form sorgt dafür, dass der obergärige Sud trotzdem einen frischen Charakter vorweist und der meist nicht so üppige Schaum stabil bleibt. Leichtigkeit, geringe Größe und die schmale Öffnung der Kölschstange laden zum raschen Trinken ein. Das Bier wird eher geschüttet und kommt deshalb am hinteren Ende der Zunge an, denn erst hier zeigen sich optimal die Hopfennoten.

DURSTLÖSCHER

Wegen der hohen, schlanken Form besitzt die Kohlensäure im Weißbierglas genügend Spielraum, der Schaum verdichtet sich und bleibt stabil. Am Fuß verjüngt sich das Gefäß, damit das Bier länger frisch bleibt. Die breite Öffnung lässt das Bukett der typischen Weizenbieraromen atmen, aber nicht so leicht verfliegen. Beim Trinken wird das Glas gekippt, sodass große Schlucke erlaubt sind und das Weißbier auf den hinteren Bereich der Zunge trifft.

AROMAVERSTÄRKER

Hoch, dünnwandig und geriffelt ist das optimale IPA-Glas. Durch die Kombination der bauchigen Form mit einer Verjüngung nach oben entfaltet sich der komplette Duft des Hopfens. Der geriffelte Stiel belüftet das Bier und schäumt beim Genuss immer wieder auf. Das aromatische India Pale Ale fließt wegen des dünnwandigen und schmalen Mundrandes direkt, aber langsam auf die Mitte der Zunge. So breiten sich alle Aromen vollständig aus.

SCHWERGEWICHT

Um den röstigen Charakter von dunklen Bieren hervorzuheben, greifen Craftbier-Fans gern zum dünnwandigen Stout-Glas. Die ausgedehnte Form – ähnlich wie beim Rotweinglas – unterstreicht die aromatischen Akzente des Röstmalzes. So zeigt ein Stout seine vollen Kaffee-, Kakao- und Schokoladennoten. Die obere Verjüngung des Trinkgefäßes verdichtet den Schaum, der Fuß macht ihn stabil und hält die Frische des Sudes. So ein Glas lädt zum langsamen Genießen ein.

UNIVERSALGEBINDE

Die Pilstulpe ist wie der Verkostungspokal universell einsetzbar, jedoch ist die Fließgeschwindigkeit etwas rasanter. Wegen der Höhe des Glases bleibt das Bier allerdings länger frisch. Im bauchigen Teil sammeln sich die Aromen, der verjüngende Part konzentriert sie. Wenn man das Gebinde am Stiel anfasst, bleibt das Bier länger kühl. Besonders geeignet sind Tulpen für hopfenbetonte, frische Sorten wie Pils, aber auch für belgische Ales mit starken Hefenoten.

HOPFENFORSCHUNG

ZAUBER DES GRÜNEN GOLDES

Hopfen ist einer der wichtigsten Rohstoffe im Bier. Doch was ist das Besondere an der grünen Zauberpflanze, wann setzen Brauer welche Sorte richtig ein, und warum bringt der Hopfen Aromen von Maracuja, Stachelbeere oder Zitrusfrüchten ins Bier? Walter König, Geschäftsführer der Gesellschaft für Hopfenforschung in Hüll in der Hallertau, klärt auf.

HOPFEN GILT ALS DIE SEELE DES BIERES. WARUM EIGENTLICH?

Bier ist ein sehr emotionales Getränk, und es gibt viele Redewendungen sowie Synonyme, welche die Bedeutung des Bieres als Grundnahrungsmittel hervorheben. Gern wird es unter anderem als „Gerstensaft" oder als „flüssiges Brot" bezeichnet. Auch der ganzheitliche Ansatz, dass das Bier einen Körper, einen Geist und eine Seele hat, belegt den hohen Stellenwert des Getränks beim Verbraucher. Während das Malz den Körper und die Hefe den Geist darstellt, wird der Hopfen oft als das Gewürz des Bieres oder als seine Seele betitelt. Er bringt die aromatischen Feinheiten, die Bittere und eine hohe Geschmacksdifferenzierung ins Bier.

RUND UM DEN GLOBUS EXISTIEREN MEHR ALS 360 VERSCHIEDENE HOPFENSORTEN. WELCHE BEDEUTUNG HABEN DIESE FÜR DIE KREATION MODERNER BIERE?

Alle Hopfensorten sind sehr individuell und für unterschiedliche Zwecke einsetzbar. So unterscheiden Brauer in erster Linie zwischen Bitter-, Aroma- und speziellen Aromahopfensorten. Zu Beginn der „Würzekochung" wird meist Bitterhopfen eingesetzt, um eine harmonische und qualitativ hochwertige Bittere ins Bier zu bringen. Ab Kochmitte bis zum Kochende kommen Aromahopfensorten für die individuelle Ausprägung des klassischen Bieraromas, der sogenannten Blume, ins Spiel. Spezielle Aromasorten, die auch für exotische oder ungewöhnliche Aromaeindrücke sorgen, werden vom Kochende bis hin zur Kalthopfung genutzt. Diese tragen zur Individualisierung und Aromatisierung von Bieren bei. Gerade in Deutschland, wo die Brauer das Reinheitsgebot befolgen müssen, sind verschiedenste Hopfensorten notwendig, um die Bierlandschaft vielfältig und abwechslungsreich zu halten.

HOPFEN BRINGT AROMEN VON HEIMISCHEN UND TROPISCHEN FRÜCHTEN INS BIER. WIE FUNKTIONIERT DAS EIGENTLICH, UND WIE WERDEN SOLCHE SORTEN GEZÜCHTET?

Die Hopfenpflanze ist zweihäusig. Heißt: Es gibt männliche und weibliche Gewächse. Nur die weiblichen Pflanzen bilden Blüten, aus denen eine Dolde mit den braurelevanten Inhaltsstoffen wie Hopfenöle und Bitterstoffe entsteht.
Bei der klassischen Kreuzungszüchtung werden weibliche Pflanzen mit männlichen Pollen bestäubt. Züchtungen, die etwa exotische und keine typisch würzigen Aromen erzeugten, wurden bis zur Craftbier-Bewegung aussortiert. Erst seit der hohen Nachfrage werden sie berücksichtigt. Entscheidend für die Aromaeindrücke eines Hopfens ist die Zusammensetzung des Hopfenöls. Jede Sorte ist individuell, und einige erzeugen eben auch Aromen von Maracuja, Stachelbeere oder von Zitrusfrüchten.

WIESO WÄCHST DIE HOPFENPFLANZE IN BESTIMMTEN REGIONEN BESSER ALS ANDERSWO, UND WELCHE LÄNDER STECHEN BESONDERS HERVOR?

Hopfen braucht tiefgründige Böden, eine gute Wasserversorgung während der Doldenbildung und neben dem Jahreszeitenrhythmus eine bestimmte Tag- und Nachtlänge sowie Sonnenscheindauer. Diese Konstellation ist sowohl auf der Nordhalbkugel als auch auf der Südhalbkugel zwischen dem 48. und 51. Breitengrad nahezu optimal. Die wichtigsten deutschen Hopfenanbaugebiete sind die Hallertau in Bayern, kleinere Regionen wie Tettnang am Nordrand des Bodensees sowie das Anbaugebiet Spalt südlich von Nürnberg. Neben der Hallertau gilt das Yakima Valley im US-Bundesstaat Washington als größtes Hopfenland weltweit. Zudem etablierten sich aber auch Anbaugebiete in Südafrika, Neuseeland und Patagonien.

BEIM WEIN SPIELEN TERROIR UND WETTEREINFLUSS EINE GROSSE ROLLE BEZÜGLICH DER QUALITÄT. VERHÄLT SICH DAS BEI HOPFEN EBENSO?

Anbauregion und Sortenwahl spielen bei Hopfen ebenfalls eine wesentliche Rolle. Sogar innerhalb einer Gegend können der Standort und die Bodengüte einen Unterschied selbst bei der gleichen Hopfensorte ausmachen. Deshalb sind Terroir und Wettereinflüsse nicht zu vernachlässigen. Zahlreiche Brauer bonitieren daher jedes Jahr nach der Ernte die Muster, die zum Verkauf stehen, und wählen handverlesen aus. Einige von ihnen arbeiten auch seit vielen Jahrzehnten immer mit den gleichen Hopfenbauern zusammen und verwenden die Sorten ausschließlich aus bestimmten Regionen. Um Wettereinflüsse auszugleichen, werden in vielen Brauereien die Hopfenernten aus mehreren Jahrgängen sortenspezifisch verschnitten, sodass sich eine möglichst gleichbleibende Hopfenbittere und Aromaausprägung im Bier wiederfindet.

MALZHERSTELLUNG

DER KÖRPER DER BIERE

Malz ist einer der wichtigsten Rohstoffe beim Brauen: Es bestimmt die Farbe, den Körper und auch den Geschmack des Sudes. So wird's gemacht.

Malz ist ein Rohstoff, der erst hergestellt werden muss. Dafür wird das frisch geerntete Getreide, meist Gerste und Weizen, in eine Mälzerei gebracht. Dort werden die Körner gereinigt und sortiert, bis sie in die Weiche kommen. Hier werden sie für rund drei Tage eingeweicht und abwechselnd mit Wasser und Luft durchmischt. Durch diesen Prozess wird dem Getreide vorgetäuscht, dass Frühjahr ist, und es beginnt zu keimen.

Nach der Weiche geht es in den Keimkasten, wo das Getreide keimen darf und im Inneren viele Enzyme bildet. Die Keimung wird aber rechtzeitig abgebrochen. Anschließend kommt das Korn in die Darre, wo die Feuchtigkeit aus dem sogenannten Grünmalz gezogen und dieses nun bei unterschiedlichen Temperaturstufen gedarrt wird. Die letzte Temperatur – etwa zwischen 80 und 200 °C – bestimmt die Farbe und auch den Geschmack des Malzes. Zum Schluss wird das Malz noch von den Keimen befreit, bis es im Malzsilo landet. Insgesamt werden aus 100 Kilo Getreide etwa knapp 80 Kilo Malz.

Grundsätzlich gilt dann: je dunkler das eingesetzte Malz beim Brauprozess, umso dunkler auch das Bier.

HOPFENFORSCHUNG

DIE SCHRÄGSTEN BIERMYTHEN

Um Hopfen- und Gerstensäfte ranken sich kuriose Vorurteile. Bier soll beispielsweise dick, impotent und große Brüste machen. Aber stimmt das wirklich?

BIER MACHT EINEN KUGELBAUCH

Stimmt so nicht ganz. Abgesehen vom Wasser ist Bier – verglichen mit anderen Getränken – eine eher kalorienarme Erfrischung. Vom Orangensaft bis zum Apfelsaft, vom Rotwein bis zur Milch – überall stecken deutlich mehr Kalorien als im Gerstensaft. Es ist eher ein bekannter Kreislauf, der zur Wampe führt: Bier regt den Appetit an, und wenn der Heißhunger vorbei ist, kommt wieder der Durst. Bier allein macht also nicht unbedingt dick, es ist die Schweinshaxe nebenbei, die zum Kugelbauch führt.

BIER IST UNGESUND

Falsch! Im Bier stecken Vitamine, viele Mineralstoffe wie Magnesium und Kalium, die den Knochenbau stärken und vor Osteoporose schützen. Zudem soll ein Gläschen am Tag den Cholesterinspiegel senken, bei Herz-Kreislauf-Erkrankungen helfen und das Herzinfarktrisiko minimieren. Alkoholfreier Gerstensaft wirkt sogar isotonisch. Das Böse im Bier ist, wenn überhaupt, der Alkohol.

BIER AUF WEIN, DAS LASS SEIN

Nein! Zahlreiche Untersuchungen ergaben, dass der Genuss verschiedener Alkoholsorten – mäßig getrunken – keine Nebenwirkungen aufweist, solange man nicht übertreibt. Bei Sommeliers und Winzern gehört es sogar zum guten Ton, nach jeder Weinprobe noch ein paar frische Pils zu kippen. Der Spruch kommt aus früherer Zeit, als Bier noch das minderwertigere Getränk war.

BIER MACHT IMPOTENT

Alles eine Frage der Mengenlage. Bier in geringen Mengen wirkt sogar aphrodisierend und kann die sexuelle Aktivität stimulieren. Doch schon ein Blutalkoholspiegel von rund 0,5 Promille mindert die Potenz. Schnell kann es zu Erektionsproblemen kommen. Denn: Alkohol beeinträchtigt das Nervensystem und damit die Weiterleitung stimulativer Reize.

BIER MACHT MÜDE

Wahr ist: Der Hopfen ist bewiesenermaßen ein natürliches Beruhigungsmittel, das entspannt und die Schlafbereitschaft fördert. Beim Bierkonsum konnte das allerdings noch nicht konkret nachgewiesen werden. Aber: Ein Humpen flüssiges Gold kann auf jeden Fall helfen, die Nerven zu entspannen.

BIER MUSS EISKALT SEIN

Alles eine Frage der Sorte. Klar, ein frisches Helles, ein Weißbier oder ein Pils aus dem Zapfhahn verlangen nach gemäßigter Kühlung. Alkoholreiche Sorten wie Bock oder Imperial Stout mögen es gern wärmer. Tatsache ist: Bier unter 7 °C verliert jegliche Aromen.

BIER MACHT GROSSE BRÜSTE

Eine alte Legende, die medizinisch nicht bewiesen ist. Im Bier befinden sich zwar pflanzliche Östrogene in geringen Mengen, die bei normalem Trinkverhalten jedoch keinesfalls zu bewunderungswürdigen Körbchengrößen führen.

FOODPAIRING

BIER KANN ALLES BEGLEITEN

Warum ist Bier ein perfekter Begleiter zu Speisen aller Art, welche Grundregeln sollte man beim Foodpairing beachten, und welche Rolle spielt dabei die Kohlensäure? Sebastian Priller-Riegele, Ex-Weltmeister der Biersommeliers und Chef der Brauerei Riegele in Augsburg, klärt auf.

BIER GILT FÜR VIELE GENIESSER ALS ATTRAKTIVER SPEISENBEGLEITER. WAS IST DAS BESONDERE DARAN?
Das Besondere an Bier ist, dass es wegen unterschiedlicher Rohstoffmöglichkeiten und Stile extrem vielfältig ist. Es kann in seinen unzähligen Varianten nahezu jede Speise begleiten, die Aromen eines Gerichts aber auch hervorheben, da speziell das Spiel mit der Kohlensäure die Geschmacksintensität erhöht.

WIE GEHT MAN BEIM FOODPAIRING AM BESTEN VOR?
Zuerst sollte das Bier mit allen Sinnen verkostet werden, um die Aromen aufzunehmen. Danach nimmt man die Speise, lässt sie sich auf der Zunge ausbreiten, gießt einen Schluck Bier dazu, schluckt beides gemeinsam herunter und lässt die Eindrücke wirken. Beim passenden Pairing lässt sich ein grandioses Geschmackserlebnis empfinden.

UND WORAUF SOLLTE MAN BEIM KOMBINIEREN ACHTEN?
Für mich gilt eine ganz wichtige Grundregel: Es ist alles erlaubt, was Freude bringt und schmeckt. Und da ist jeder nach seinen individuellen Präferenzen frei. Dennoch gibt es ein paar Tipps. Es heißt, gleich und gleich gesellt sich gern. Sprich: süß zu süß, fruchtig zu fruchtig oder aber rauchig zu Geräuchertem sollte eigentlich immer eine Harmonie ergeben. Herausfordernder ist es, wenn man sich an Gegensätze wie süß zu sauer, süß zu bitter oder scharf zu bitter wagt. Dabei sollte man sich stets fragen: Möchte ich, dass das Bier oder das Gericht sensorisch dominiert, oder sollen sich beide Genussmittel sinnvoll ergänzen? Wenn beispielsweise das Gericht dominieren soll, dann sollte das Bier eher zurückhaltend sein und umgekehrt.

VIELE GENIESSER BEVORZUGEN BIER ZU KÄSESPEZIALITÄTEN …
Ja, die richtigen Kombinationen können wahre Geschmacksfeuerwerke zünden. Zu Pils passt beispielsweise junger Camembert oder junger Hartkäse, während zu Weißbier ganz gut Ziegenfrischkäse oder Mozzarella harmonieren. Dunkles Bockbier ergänzt sich hervorragend mit kräftigem Bergkäse oder Blauschimmelsorten wie Gorgonzola. Das absolute Highlight für mich ist ein belgisches Dubbel mit hohem Alkoholgehalt sowie intensiven Honig- und Kandisaromen. Dazu ein kräftiger und würziger Hartkäse wie Appenzeller oder Greyerzer.

UND WIE SIEHT ES BEI SCHOKOLADE AUS?
Eine solche Kombination ist nicht immer leicht, aber ich finde, besonders kräftige Biere passen sehr gut zu Schokolade. So ergibt etwa ein tiefschwarzes Imperial Stout mit röstigen und schokoladigen Noten zu einem noch warmen Stück Schokoladenkuchen eine grandiose Nachspeise. Eine tolle Symphonie stellt auch ein dunkler Bock mit malzigen Aromen und einer Vollmilchschokolade mit Karamell und Meersalz dar.

WELCHE VORTEILE BESITZT BIER BEIM FOODPAIRING IM VERGLEICH ZU ANDEREN GETRÄNKEN?
Ein klarer Vorteil ist für mich die unglaublich große Biervielfalt mit ihren ganz unterschiedlichen Aromaspielen. Auch die Bittere im Bier, die etwa eine gewisse Schärfe ausgleichen kann, und die Kohlensäure, die die Aromen pusht und die Zunge wieder freiräumt, können eine Speisebegleitung in vielen Fällen noch spannender machen. Egal, welche Speise man kombinieren möchte, es lässt sich immer ein passendes Bier dazu finden. Erlaubt ist, was gefällt.

ADRESSEN

ADRESSEN, VERKOSTUNGEN UND ANDERES BESONDERES

HOPPEBRÄU
Tölzer Str. 37
83666 Waakirchen
www.hoppebraeu.de

Brauereiführungen: Nach Absprache

ZAPFEREI
Mittwoch 17.00–23.00 Uhr
Donnerstag 17.00–23.00 Uhr
Freitag 10.00–23.00 Uhr
Samstag 11.00–23.00 Uhr
Sonntag 11.00–20.00 Uhr
Tipp: Freitag ab 10.00 Uhr gemütliches Weißwurstessen

BRAUEREI LEMKE
Karl-Liebknecht-Str. 13
10178 Berlin
www.lemke.berlin

DAS LEMKE –
BRAUEREI UND DEUTSCHE KÜCHE
Dircksenstr., S-Bahn-Bogen 143
10178 Berlin-Mitte
Montag–Donnerstag 14.00–22.00 Uhr
Freitag–Samstag 13.00–23.00 Uhr
Sonntag 13.00–22.00 Uhr

BIERMEISTEREI –
BRAUEREI, BBQ & GRILL
Karl-Liebknecht-Str. 13
10178 Berlin
Montag–Sonntag 15.00–23.00 Uhr (warme Küche 17.00–22.00 Uhr)

LEMKE AM SCHLOSS –
BRAUEREI UND WIRTSHAUS
Luisenplatz 1
10585 Berlin-Charlottenburg
Montag–Dienstag ab 16.00 Uhr
Mittwoch–Sonntag ab 12.00 Uhr
Geöffnet bis mindestens 21.00 Uhr, an netten Abenden gern länger

HOFVERKAUF:
Rochstr. 6a
10178 Berlin
Montag–Freitag 13.00–18.00 Uhr

BRAUEREIFÜHRUNG:
Donnerstag 18.30 Uhr

BRAUEREI HELLER
Oberer Stephansberg 27
96049 Bamberg
www.schlenkerla.de

Schlenkerla – Die historische Rauchbierbrauerei
Dominikanerstr. 6
96049 Bamberg

Ganzjährig 9.30–23.30 Uhr
(Küche 11.00–22.00 Uhr)
Frühschoppen ab 9.30 Uhr
Schlenkerla-Urbock-Anstich immer am
1. Donnerstag nach dem Tag der deutschen
Einheit (3. Oktober)

Brauereiführungen in der Regel zweimal
die Woche

BRAUMANUFAKTUR HERTL
Thüngfeld 61
96132 Schlüsselfeld
www.braumanufaktur-hertl.de

Regelmäßige Braukurse und
verschiedene Seminare

BAYERISCHE STAATSBRAUEREI WEIHENSTEPHAN
Alte Akademie 2
85354 Freising
www.weihenstephaner.de

BRAUEREIFÜHRUNGEN:
Montag 10.00 Uhr, 120 Minuten
in deutscher Sprache
Dienstag 10.00 Uhr, 120 Minuten
in englischer Sprache
Dienstag 13.30 Uhr, 120 Minuten
in deutscher Sprache
Mittwoch 10.00 Uhr, 120 Minuten
in englischer Sprache

BRÄUSTÜBERL WEIHENSTEPHAN
Weihenstephaner Berg 10
85354 Freising
Täglich 10.00–24.00 Uhr

BRLO
Schöneberger Str. 16
10963 Berlin
www.brlo.de

BRWHOUSE
Dienstag–Freitag 17.00–00.00 Uhr
Samstag–Sonntag 12.00–00.00 Uhr
Regelmäßig Brauereiführungen und Events

BRLO Craft Zentrum Berlin
Telegrafenweg 21
13599 Berlin
www.craftzentrum.berlin

DOPPELLEU BRAUWERKSTATT
Industriestr. 40
8404 Winterthur, Schweiz
www.doppelleuboxer.ch

BRAUEREIFÜHRUNGEN:
Montag–Donnerstag 17.00–18.30 Uhr

EINBECKER BRAUHAUS
Papenstr. 4–7
37574 Einbeck
www.einbecker.de

BRAUEREIBESICHTIGUNGEN:
Montag–Donnerstag 14.00 Uhr
(außer an Feiertagen)

SUDHAUSFÜHRUNGEN:
Samstag 14.00 Uhr und 16.00 Uhr
(außer an Feiertagen)

FANSHOP:
Montag–Freitag 14.00–17.30 Uhr
(an Feiertagen geschlossen)

FRAUGRUBER BREWING
An der Weberei 1
89423 Gundelfingen an der Donau
www.fraugruber-craftbrewing.com

INSEL-BRAUEREI
Hauptstr. 2C
18573 Rambin
https://insel-brauerei.de

Verkostung, Brauereibesichtigung
und Lagerverkauf:
Täglich 10.00–19.00 Uhr

KEHRWIEDER KREATIVBRAUEREI
Sinstorfer Kirchweg 74–92
21077 Hamburg
www.kehrwieder.beer

ORCA BRAU
Am Steinacher Kreuz 24
90427 Nürnberg
www.orcabrau.de

BRAUEREIVERKAUF:
Freitag 12.00–17.00 Uhr
Samstag 10.00–12.00 Uhr

Verkostungen, Brauereiführungen
und Braukurse:
Individuell buchbar

PRIVATE LANDBRAUEREI SCHÖNRAM
Salzburger Str. 17
83367 Petting / Schönram
www.schoenramer.de

BRÄUSTÜBERL SCHÖNRAM
Salzburger Str. 10
83367 Petting / Schönram
Donnerstag–Montag 9.00–22.00 Uhr

PFEFFERLECHNER – BUSCHENSCHANK UND BRAUEREI
St.-Martin-Str. 4
39011 Lana
Autonome Provinz Bozen, Südtirol, Italien
Montag, Donnerstag, Freitag 16.00–23.00 Uhr
Samstag 12.00–22.00 Uhr
Sonntag 12.00–21.00 Uhr

BRAUEREIFÜHRUNG
UND VERKOSTUNG:
Donnerstag 16.00 Uhr
Regelmäßige Events

SCHNEEEULE
Edinburger Str. 59
13349 Berlin
https://schneeeule.berlin/de

SCHNEEEULE SALON
Ofener Str. 1
13349 Berlin
Mittwoch–Freitag ab 18.00 Uhr
Samstag–Sonntag ab 15:00 Uhr
Regelmäßige Verkostungen, Vorträge und Events

SCHORSCHBRÄU
Richard-Stücklen-Str. 7
91710 Gunzenhausen
www.schorschbraeu.de

STIEGL-GUT WILDSHUT
Wildshut 8
5120 St. Pantaleon, Österreich
www.biergut.at
Montag 17.00–22.00 Uhr
Dienstag–Sonntag und Feiertage 10.00–22.00 Uhr
(Küche 11.30–21 Uhr)

BRAUEREIFÜHRUNGEN:
Nach Anmeldung

Regelmäßige Veranstaltungen

ÜBERQUELL BRAUWERKSTÄTTEN
St. Pauli Fischmarkt 28–32
20359 Hamburg
www.ueberquell.com
Montag–Donnerstag ab 17.00 Uhr
Freitag–Sonntag ab 13.00 Uhr

BREWPUB
Donnerstag–Samstag ab 18.00 Uhr
Brauereiführungen Freitag und Samstag
Regelmäßige Events

50 KREATIVE BRAUEREIEN UND BIERMARKEN, DIE MAN AUCH NOCH KENNEN SOLLTE

ALE MANIA
Fritz Wülfing war zwar Quereinsteiger in die Braubranche, gehört aber zu den hiesigen Vorreitern der Craftbier-Szene. Das Bierangebot reicht von Wiess, Pils, Gose bis hin zu Honigbieren und verschiedenen India Pale Ales.
Alaunbachweg 10, 53229 Bonn - www.alemaniabonn.de

ASTRA REEPERBAHN
Direkt auf der Hamburger Reeperbahn befindet sich der Brewpub von Astra. Das Brauteam tobt sich hier besonders kreativ an den Kesseln aus und zaubert ungewöhnliche Biere fernab der Muttermarke.
Nobistor 16, 22767 Hamburg - www.astra-bier.de

BERLINER BERG BRAUEREI
Die Hauptstädter leben ihr Motto: Tradition neu gebraut. Sie setzen dabei auf Biere wie Pils, Lager oder Pale Ale mit hoher Trinkfreude und konzentrieren sich auf die Region.
Treptower Str. 39, 12059 Berlin - www.berlinerberg.com

BLECH BRUT
Gypsy-Brauer aus Bamberg, die sich zwar auf hopfige Biere spezialisiert haben, aber auch Kellerbier, Pils sowie viele kreative Gemeinschaftssude mit befreundeten Brauereien produzieren.
Heumarkt 5, 96047 Bamberg - www.blechbrut.de/

BRAUFACTUM
Craftbier-Pioniere in Deutschland mit coolen Bier-Locations in Berlin.
Darmstädter Landstraße 185, 60598 Frankfurt am Main www.braufactum.de

BRÄUGIER
Ein US-Amerikaner und sein Team mischen in ihrem Brewpub mit unterschiedlichen Bieren die Hauptstadt auf.
Stubbenkammerstraße 6, 10437 Berlin - www.braeugier.de

BRAUKOLLEKTIV
2014 wurde die Marke von zwei Deutschen, einem Australier und einem Kalifornier gegründet, um als erste Craftbrauer in Freiburg obergärige Hopfenbomben unter die Menschen zu bringen. Heute ist das Kollektiv noch zu zweit.
Karlsruher Str. 52, 79108 Freiburg im Breisgau - www.braukollektiv.com

BREWER'S TRIBUTE
Junge Berliner Handwerksbrauerei, dessen Macher besonderen Wert auf den Einsatz von natürlichen und hochwertigen Rohstoffen legt. Das Team braut Biere nach traditionellen Rezepten, die sie modern umsetzen.
Zur Alten Börse 41, 12681 Berlin - www.brewers-tribute.com

BREWHEART
Gypsy-Brauer, die überwiegend auf hopfenbetonte Sude schwören. Das permanent wechselnde Sortiment gibt es in schicken Dosen.
Nordring 37, 83624 Otterfing - www.brewheart.de

BREWSLI – DER BIERMACHER
Gasthausbrauerei mit schickem Interieur und abwechslungsreichen Bieren von Hellem, Stout bis Pale Ale, die es bisher nur exklusiv in der Location frisch vom Hahn gibt.
Taubenstraße 2, 81541 München - www.brewsli.de

BROBIER
Fränkische Biere mit kreativem Kick, die man auch frisch gezapft in der Brüderla-Bar der Macher in Bamberg genießen kann.
Im Grund 7, 96182 Reckendorf - www.brobier-brewing.com

CAMBA BAVARIA
Eine der ersten deutschen Craftbrauereien mit riesigem Bierportfolio von Hellem, Weißbier und Dunklem über India Pale Ale, Witbier sowie Sauberbier und fassgereifte Sorten aus dem Whiskey- oder Rumfass.
Gewerbering 3, 83370 Seeon-Seebruck - www.camba-bavaria.de

CRAFTWERK BREWING
Kreativableger der Bitburger Brauerei mit Bieren fernab von Pils.
Römermauer 3, 54634 Bitburg - www.craftwerk.de

CREW REPUBLIC
Die Craftbier-Vorreiter aus München begannen als Hobbybrauer und führen jetzt ein mittelständisches Unternehmen mit vielfältigem Bierangebot.
Andreas-Danzer-Weg 30, 85716 Unterschleißheim - www.crewrepublic.de

EICHHÖRNCHEN BRÄU
Die Macher agieren nach dem Motto: Der Teufel ist ein Eichhörnchen, keiner weiß, was als Nächstes kommt. So präsentieren sie neben der Core-Range aus hopfigem Hellen und Golden Ale immer wieder neue Spezialitäten.
Wallstraße 10, 40213 Düsseldorf - www.eichhoernchen.biz

FINNE BRAUEREI
Kleine Bio-Braustätte in Münster, in der das Team ihre Klassiker, kreative Newcomer sowie saisonale Spezialitäten für den Ausschank in der Finne selbst produziert. Flaschenbiere für den Markt werden in befreundete Brauereien ausgelagert.
Kerßenbrockstraße 8, 48147 Münster - www.finne-brauerei.de

FREIGEIST BIERKULTUR
Sebastian Sauer gilt als Freigeist, der überwiegend ganz individuelle Kollaborationssude mit befreundeten Brauern aus aller Welt produziert. Dabei kommen auch mal Pfefferkörner, Rosmarin oder Tomaten in den Kessel.
Diepenlinchener Str. 20, 52224 Stolberg - www.facebook.com/freigeistbierkultur

FÜRST CARL SCHLOSSBRAUEREI
Regionale Traditionsbrauerei mit innovativen Ideen, urigem Bräustüberl sowie fränkischen Bierspezialitäten, die alle einen besonderen Touch besitzen.
Schloßstraße 10, 91792 Ellingen - www.fuerst-carl.de

FUERSTWIACEK
Die Macher setzen neben Pils, Festbier oder Berliner Landbier vor allem auf Hopfenbomben wie New England IPAs sowie Barley Wine, Imperial Stouts und Fruchtsauerbiere – alle abgefüllt in hippe Dosen.
Wohlrabedamm 3, 13629 Berlin - www.fuerstwiacek.com

GLAABSBRÄU
Eine der modernsten Braustätten der Nation und die älteste in Südhessen, dessen Macher neben traditionellen Suden wie Helles, Pils und Kellerbier auch Session Lager, Imperial Pils oder aber das „Gries Soß" vorlegt, in dem jede Menge Kräuter stecken.
Wallstraße 1, 63500 Seligenstadt - www.glaabsbraeu.de

HIGGINS ALE WORKS
Ein amerikanischer Hobbybrauer, der seinen Traum zur eigenen Brauerei in München erfüllte. Nano-Brauerei mit Taproom und vielfältigen Bieren.
Karlstraße 122, 80335 München - www.higginsaleworks.com

HOPFENGUT NO. 20
Hopfengut mit mehr als 100.000 Pflanzen im eigenen Anbau, wovon die besten Dolden in die eigenen Biere wie Dark Ale, Lager und Melon IPA gelangen.
Hopfengut 20, 88069 Tettnang - www.hopfengut.de

HOPFENHÄCKER KREATIVBRAUEREI
Ein innovatives Team, das Biere mit Hanfblüten, Koriander und Bitterorangen oder diversen Hopfenkombinationen braut. Pils, Rotbier und Bock gibt's auch.
Unterhachinger Str. 78, 81737 München - www. hopfenhaecker.de

HOPFENSTOPFER
Deutscher Craftbier-Pionier, der überwiegend auf hopfige Biere wie Pale Ales und India Pale Ales setzt.
Salinenstraße 24, 74906 Bad Rappenau - www.hopfenstopfer.brauerei-haeffner.de

HOPFMEISTER BRAUMANUFAKTUR
Marc Gallo wollte als Designer eigentlich schicke Etiketten für Brauereien entwerfen, machte dann den Biersommelier und produziert jetzt selbst kreative Biere.
Schönchenstraße 4, 81545 München - www.hopfmeister.de

ISARKINDL
Gypsy-Brauer, die sich traditionellen bayerischen Bierstilen wie Märzen, Helles und Weißbier mit modernem Touch verschrieben haben. Probieren kann man die auch in der eigenen Kneipe „Sammamera".
Fasanenweg 5, 85356 Freising - www.isarkindl-bier.com

KEMKER KULTUUR
Das Team aus Everswinkel bringt Biergeschichte der Region Münster in Flaschen. Hier wird mit Kräutern, Gewürzen und Früchten gebraut und die Ergebnisse in 0,75-Literflaschen gefüllt.
Wettendorf 1, 48351 Everswinkel - www.brauerei-kemker.de

LANDGANG BRAUEREI
Mitten in Hamburg-Altona steht die 2016 gebaute Landgang Brauerei, die inzwischen die drittgrößte der Stadt darstellt. Die Bierauswahl reicht von Pils, Dunklem und Hellen über Pale Ale, IPA und saisonale Spezialitäten wie Sauerbier, Fassgereiftes und Bier-Wein-Hybrid. Beerenweg 12, 22761 Hamburg, www.landgang-brauerei.de

LIQUID STORY BREWING
Lohnbrauer, die hauptsächlich auf hopfenbetonte Biere setzen und gern mit alternativen, natürlichen Zutaten wie etwa Kaffeebohnen oder Koriandersamen experimentieren.
Calvördestraße 11, 38118 Braunschweig - www.liquid-story.com

MAISEL & FRIENDS
Die Adresse in Bayreuth für Biererlebnisse mit Tastings, Führungen und Festivals. Zu kreativen Bieren gibt es gutes Essen und nebenan sogar ein hauseigenes Designhotel.
Andreas-Maisel-Weg 1, 95445 Bayreuth - www.maiselandfriends.com/de/

MASHSEE BRAUEREI
Außergewöhnliche und moderne Biere treffen hier auf hohe Trinkfreude. Manche davon sind gern auch mal mit alternativen Zutaten wie etwa Lebkuchengewürzen gebraut.
Am Eisenwerk 17, 30519 Hannover - www.mashsee.de

MUNICH BREW MAFIA
Die Münchner setzten auf traditionelle Biere, die sie aber modern interpretieren und manchmal auch spannende Sude fernab des Reinheitsgebots etwa mit Mango, Gin-Gewürzen oder Rosa Pfeffer brauen.
Reichenbachstraße 22, 80469 München - www.munichbrewmafia.de

PAX BRÄU
Die Macher aus der Rhön setzen auf einen Spezialitäten-Kalender: Jeden Monat bringen sie ein neues innovatives Bier hraus. Gibt es in Literflaschen.
Rathgeberstraße 7, 97656 Oberelsbach - www.pax-braeu.de

RATSHERRN BRAUEREI
In den Schanzenhöfen produzieren die Hanseaten neben Pilsener, Hamburger Hell und Alkoholfreiem auch Witbier, Weizen-IPA oder Bio-Ales.
Lagerstraße 30A, 20357 Hamburg - www.ratsherrn.de

RIEDENBURGER BRAUHAUS
Traditionsreiche Familienbrauerei in Niederbayern, die auf 100 Prozent Bio-Biere setzt. Im Sortiment findet man klassische Sorten wie Helles, Weißbiere und Sude aus Ur-Getreiden sowie die Craftbier-Serie mit Dolden Sud, Dolden Bock oder Dolden Dark.
Hammerweg 5, 93339 Riedenburg - www.riedenburger.de

SCHOPPEBRÄU
Thorsten Schoppe zählt zu den Vorreitern der modernen Bierkultur. Mit seinem Team produziert er vielfältige Biere mit Charakter. Einen Taproom gibt's auch.
Schönhauser Allee 176, 10119 Berlin - www.schoppebraeu.de

SCHWARZE ROSE
Gypsy-Brauer aus Mainz, die es lieben, an ständig neuen Rezepten zu tüfteln, und so mit Hopfensorten aus aller Welt experimentieren und gern mal ein Imperial Stout mit gesalzenem Karamell oder eine Gose mit Pfirsich auflegen.
Colmarstraße 18, 55118 Mainz - www.sr-cb.de/

STÖRTEBEKER BRAUSPEZIALITÄTEN
Ausgezeichnete Traditionsbrauerei mit vielfältigem Bierangebot und immer neuen Spezialitäten.
Greifswalder Chaussee 85, 18439 Stralsund - www.stoertebeker.com

SUDDEN DEATH BREWING CO.
Zwei Quereinsteiger, die ihre Liebe zu kreativen Bieren auf Reisen entfachten. Erst als Gypsy-Brauer unterwegs, wagten sie den Schritt zur eigenen Brauerei und produzieren überwiegend Hopfenwummen und experimentelle Sude.
Einsiedelstraße 6, 23554 Lübeck - www. suddendeathbrewing.de

SUPERFREUNDE
Ein Team aus Hamburg mit vielfältigen und kreativen Bieren sowie Stores mit coolem Merchandise und hipper Trinkhalle.
Bernstorffstr. 153, 22767 Hamburg - www.superfreunde.beer

TESTBRÄU
Das Unternehmer-Trio setzt auf fruchtige Sauerbiere, hopfenbetonte Sude oder auch mal auf Berry Porter sowie Milk Ice Cream Stout und Schwarzwälder Kirsch Stout.
Kollerhof 3, 06642 Nebra (Unstrut) - www.testbraeu.de

TILMANS BIERE
Gypsy-Brauer mit eigener Kneipe namens „Frisches Bier". Die Macher setzen auf Helles, Pils, Weißbier & Co. - aber immer mit modernem Hopfenkick.
Thalkirchner Str. 53, 80337 München - www.tilmansbiere.de

TRUE BREW BREWING CO.
Gypsy-Brauer mit lässigem Taproom, in dem die eigenen Biere aus zehn Zapfhähnen und glitzernden Kupferkesseln hinter der Theke fließen. Zudem gibt es Kühlschranke voller spannender Kreationen aus Dosen. Das Sortiment ist mit Lager, Sauerbier und IPAs vielfältig.
Dreimühlenstraße 25, 80469 München - www.truebrew.co/

UNION BRAUEREI BREMEN
Die alte Bremer Brauerei pflegt eine lange Geschichte, stand allerdings rund 50 Jahre still. Seit 2015 wird dort wieder gebraut, und das ausgezeichnet kreativ.
Theodorstraße 12-13, 28219 Bremen - www.brauerei-bremen.de

VAGABUND BRAUEREI
Drei US-Amerikaner, die wegen Musik und Bier nach Berlin kamen. Mit der eigenen Band klappte es nicht, dafür mit der eigenen Brauerei und coolen Taprooms.
Antwerpener Str. 3, 13353 Berlin - www.vagabundbrauerei.com

VULKAN BRAUEREI
Neben Hellem, Pils und Dunkel in Bioqualität reift auch in 30 Meter tiefen Vulkanhöhlen das Highlight der Brauerei in Whiskeyfässern heran: der Bourbon Barrel Doppelbock.
Laacher-See-Straße 2, 56743 Mendig - www.vulkan-brauerei.de

WELDEBRÄU
Tradition trifft Innovation. Neben Pils, Hellem und Kellerbier legen die Plankstädter in ihrer Brauspezialitäten-Serie auch Citra Helles, Pale Ale und India Pale Ale auf.
Brauereistraße 1, 68723 Plankstadt - www.welde.de

WILDWUCHS BRAUWERK
Unkonventionelle Biere wie fruchtigherbes Pils, würziges Witbier oder Kaffee Ale aus Hamburg in Bioqualität. Es gibt auch Tastings und Brauseminare.
Jaffestraße 8, 21109 Hamburg - www.wildwuchs-brauwerk.de

WITTORFER BRAUEREI
Die junge Braustätte setzt auf ein vielfältiges Portfolio von hellem Stadtbier, dunklem Arbeiterbier und Premium Pils über New England IPA, American IPA und Milk Stout.
Wrangelstraße 12, 24539 Neumünster - www.wittorfer-brauerei.de

YANKEE & KRAUT
Zwei Deutsche und ein US-Amerikaner, die sich in ihrer Braustätte an diversen Hopfenkombinationen austoben und in wilddesignte Dosen abfüllen. Probieren kann man die Biere auch frischgezapft in ihrem Taproom „ZWØLF" in der Innenstadt.
Kreuzstraße 6, 85049 Ingolstadt - www.yankeeundkraut.de

IMPRESSUM

CALLWEY1884

© 2023 Callwey GmbH
Klenzestraße 36
80469 München
buch@callwey.de
Tel.: +49 89 8905080-0
www.callwey.de

Wir sehen uns auf Instagram:
www.instagram.com/callwey

ISBN 978-3-7667-2621-6
1. Auflage 2023

Bibliografische Information der Deutschen Nationalbibliothek
Die Deutsche Nationalbibliothek verzeichnet diese Publikation in der Deutschen Nationalbibliografie; detaillierte bibliografische Daten sind im Internet über http://dnb.d-nb.de abrufbar.

Die Autorin
Mareike Hasenbeck ist Journalistin und betreibt seit Anfang 2013 das wohl erste deutsche Craftbier-Blog „feinerhopfen.com“. Als Biersommelière, sensorische Sachverständige für Bier und Member of the Institute of Masters of Beer ist sie Jury-Mitglied bei wichtigen internationalen Bier-Wettbewerben und Vorstandsmitglied beim „International Craft Beer Award“. 2017 wurde sie zur besten Bierjournalistin im deutschsprachigen Raum ausgezeichnet, gewann 2021 die Bronzemedaille bei der Deutschen Meisterschaft der Biersommeliers und bewies ein Jahr später bei der Weltmeisterschaft, dass sie zu den besten rund um den Globus gehört.

Dieses Buch wurde in CALLWEY-QUALITÄT für Sie hergestellt:
Beim Inhaltspapier haben wir uns für ein MagnoMatt in 150 g/m² entschieden – ein matt gestrichenes Bilderdruckpapier. Die gestrichene, mattierte Oberfläche gibt dem Inhalt einen edlen und hochwertigen Charakter. Die Hardcover-Gestaltung besteht aus bedrucktem Peyprint-Papier und wurde mit einer bedruckten Kaltfolie veredelt. Dieses Buch wurde in Deutschland gedruckt und gebunden bei optimal Media, Röbel/Müritz.

Viel Freude mit diesem Buch wünschen Ihnen:
Projektleitung: Anna Seidel
Lektorat: Constanze Lüdicke
Schlusskorrektur: Asta Machat
Design: BUREAU Mario Lombardo
Herstellung: Dominique Scherzer

Bildnachweis:
S. 7–8, 15–16, 20–26, 36–53, 62–77, 86–92, 102–108, 144–159, 174–183: Lisa Hantke
S. 2–4, 18, 54–60, 78–84, 94–100, 126–142, S. 184–185, 192, 198, 202: André Kirsch
S. 10, 194: Pexels Cotton Bro Studio / S. 28–34: Hoppebräu / S. 110–116: Privatbrauerei Schönram / S. 118–124: Michael Krug Photography / S. 160–166: Einbecker Brauhaus / S. 168–173: Doppelleu / S. 186: Pexels Maksim Goncharenko / Umschlagillustration, S. 196: iStock Photo

Liebevoll begleitet von

Hinweis: Uns ist es ein Anliegen, dass sich alle Geschlechter wahrgenommen und wertgeschätzt fühlen. Im Sinne einer besseren Lesbarkeit der Texte verzichten wir jedoch auf die gleichzeitige Verwendung der Sprachformen männlich, weiblich und divers (m/w/d). Wo dies möglich ist, bemühen wir uns darum, alle Formen miteinzubeziehen, oder um neutrale Formulierungen. Sämtliche Personenbezeichnungen gelten gleichermaßen für alle Geschlechter.